GUIA DE ESTILO PARA CANDIDATOS AO PODER

E PARA QUEM JÁ CHEGOU LÁ

Dados Internacionais de Catalogação na Publicação (CIP)
(Câmara Brasileira do Livro, SP, Brasil)

Molina, Luci
Guia de estilo para candidatos ao poder : e para quem já chegou lá / Luci Molina, Milla Mathias, Sergio Kobayashi ; ilustrações de Dinah Bueno. – São Paulo : Editora Senac São Paulo, 2012.

Bibliografia.
ISBN 978-85-396-0166-0

1. Estilos de vida 2. Etiqueta 3. Moda 4. Políticos I. Mathias, Milla. II. Kobayashi, Sergio. III. Bueno, Dinah. IV. Título.

11-12813 CDD-391

Índice para catálogo sistemático:
1. Políticos : Estilo pessoal : Costumes 391

GUIA DE ESTILO PARA CANDIDATOS AO PODER

E PARA QUEM JÁ CHEGOU LÁ

LUCI MOLINA • MILLA MATHIAS • SERGIO KOBAYASHI

ILUSTRAÇÕES DE DINAH BUENO PEZZOLO

editora senac são paulo

ADMINISTRAÇÃO REGIONAL DO SENAC NO ESTADO DE SÃO PAULO
Presidente do Conselho Regional: Abram Szajman
Diretor do Departamento Regional: Luiz Francisco de A. Salgado
Superintendente Universitário e de Desenvolvimento: Luiz Carlos Dourado

EDITORA SENAC SÃO PAULO
Conselho Editorial: Luiz Francisco de A. Salgado
Luiz Carlos Dourado
Darcio Sayad Maia
Lucila Mara Sbrana Sciotti
Jeane Passos Santana

Gerente/Publisher: Jeane Passos Santana (jpassos@sp.senac.br)
Coordenação Editorial: Márcia Cavalheiro Rodrigues de Almeida (mcavalhe@sp.senac.br
Thaís Carvalho Lisboa (thais.clisboa@
Comercial: Rubens Gonçalves Folha (rfolha@sp.senac.br)
Administrativo: Luis Americo Tousi Botelho (luis.tbotelho@sp.senac.br)

Edição de Texto: Maísa Kawata
Preparação de Texto: Andrea Vidal
Revisão de Texto: Edna Viana, Luiza Elena Luchini (coord.)
Projeto Gráfico e Capa: Antonio Carlos De Angelis
Imagens da Capa: ©iStockphoto
Impressão e Acabamento: Mundial Artes Gráficas

Editora Senac São Paulo
Rua Rui Barbosa, 377 – 1º andar – Bela Vista – CEP 01326-010
Caixa Postal 1120 – CEP 01032-970 – São Paulo – SP
Tel. (11) 2187-4450 – Fax (11) 2187-4486
E-mail: editora@sp.senac.br
Home page: http://www.editorasenacsp.com.br

SUMÁRIO

NOTA DO EDITOR

Luiz Inácio Lula da Silva foi eleito presidente somente depois de mudar sua forma de vestir e alterar a maneira que proferia seus discursos, ou seja, após transformar o seu estilo. O exemplo do ex-presidente mostra que, em um pleito eleitoral, a imagem transmitida pelo candidato é tão importante quanto as suas ideias e bandeiras. Aquele que aspira a um cargo político precisa se comunicar da melhor maneira possível, e essa comunicação passa pela roupa, pela linguagem corporal e pelo comportamento.

O *Guia de estilo para candidatos ao poder e para quem já chegou lá* traz explicações e técnicas relativas aos aspectos da representação visual, além de fornecer dicas de especialistas. Com linguagem despretensiosa e direta, o livro está dividido em três partes, o que facilita a sua consulta: a primeira trata dos elementos do estilo masculino; a segunda, do modo como o candidato, homem ou mulher, deve se comportar em situações e meios diversos; e a terceira, dos elementos do estilo feminino.

Com a publicação deste livro, o Senac São Paulo proporciona um útil manual para políticos, candidatos e quaisquer pessoas que desejem trabalhar a sua imagem ou aprimorar o seu estilo.

PREFÁCIO

A etiqueta e a apresentação pessoal de candidatos ficam ainda mais importantes com a rápida propagação de fotos, vídeos e notícias nas redes sociais. Essa difusão pode ser boa ou ruim para o candidato. Por isso os conselhos listados neste livro tornam-se ainda mais importantes, uma vez que a propagação da imagem pode ser feita tanto pelos apoiadores dos candidatos como por seus adversários. É claro que as intenções são diferentes. Alguma parte desse conteúdo pode chegar até a grande mídia e virar reportagens ou notas de colunistas. O impacto disso na imagem pode ser melhor ou pior dependendo do comportamento e do modo de vestir do candidato e da candidata. Aos conselhos e orientações dados aqui, gostaria de acrescentar que a sociedade brasileira está mudando rapidamente com o crescimento da internet e suas ferramentas de interatividade.

É um engano achar que apenas os jovens têm interesse pelas novas mídias. Cada vez mais casas possuem computador, que passou a ser um eletrodoméstico tão importante como fogão, geladeira e televisão. Todos usam o computador, principalmente os jovens, mas os pais e avós também aprendem a usar, ainda que com mais lentidão. Além da máquina em si, todos querem conexão de banda larga para acessar a internet. Para alguns fanáticos "não há vida fora da rede". Nas cidades mais desprovidas de serviços públicos ou particulares há uma *lan house*. Passou a fazer parte da paisagem urbana como a igreja, a delegacia e a prefeitura. O acesso ao mundo se abriu com a web e nunca mais vai se fechar. Nunca na história da humanidade as pessoas comuns tiveram tanto acesso ao conhecimento. Ele se democratiza e se *capilariza* como nunca se imaginou.

Em uma campanha eleitoral ninguém pode desconhecer o poder de interatividade da rede mundial de computadores. Ela se processa desde o celular, o iPad, até o *laptop* ou *desktop*. Cidades inteiras já são cobertas com *wifi* ou algo similar, o que quer dizer que em qualquer lugar (estádio de futebol, fila do recebimento dos aposentados, pátio das escolas) é possível acessar a internet sem fio. Isso tudo tende a se aprofundar, uma vez que as novidades tecnológicas não param de ser divulgadas. São equipamentos cada vez mais rápidos, mais leves, com mais funções e mais baratos. No Brasil, o número de celulares já alcançou ao de pessoas, e cada vez mais estas têm acesso à rede. Essa tecnologia da comunicação influencia e é influenciada pelas mudanças econômicas, sociais e políticas. É responsável pela aceleração do processo histórico como nunca se registrou antes.

O mundo político está sendo impactado diretamente com essa nova realidade. O movimento iniciou-se com cidadãos enviando *e-mails* para o seu vereador, deputado estadual, federal, senador, prefeito, governador e até para o presidente. De acordo com o noticiário da mídia a caixa eletrônica de alguns travava de tantas mensagens recebidas. Alguns políticos mais antenados com as mudanças do mundo já utilizaram ferramentas para fazer campanha política, prestar contas aos eleitores, abrir portais de informações e outras possibilidades. Contudo, o mais emocionante está por vir. Cansados de ver seus anseios ignorados pelos detentores do poder, suas frustrações aumentadas com o descaso do poder público, descobrem que agora têm nas mãos uma arma poderosa em prol da cidadania e da mobilização política. Já começam a convocar pessoas para manifestações públicas como passeatas, reuniões ou mesmo formar grupos para multiplicar a difusão de informações. Vem aí uma nova realidade que vai influenciar a política e quem não a entender vai ser por ela atropelado.

Os candidatos precisam se conscientizar que a campanha na web pode ainda não ser decisiva, uma vez que a rede ainda está em crescimento no país, especialmente em camadas mais pobres. Contudo, há um espaço imenso para um diálogo direto com os cidadãos/eleitores/contribuintes, sem grandes investimentos. Até nisso os *bits* e *bytes* influenciam o mundo contemporâneo. Democratizam a difusão de ideias, propostas, programas, enfim as mensagens de quem quer fazer parte do poder. É necessário também entender que essas ferramentas expõem como nunca os candidatos. Podem difundir tanto comunidades de "Eu amo João das Coves" como de "Eu odeio João das Coves". Mentiras, ataques pessoais, calúnias, difamações, inverdades ou ficção podem estar presentes nesse campo. Por isso todos devem estar atentos. Ninguém está livre disso.

O melhor caminho é o da transparência, ética e sinceridade de propósitos. Não se esqueça de que o que for divulgado na internet não se apaga nunca e no futuro pode ser cobrado. É a oportunidade para a cidadania, é um espaço novo, é uma realidade nova nem sempre entendida por todos. Ela existe e vai influenciar a forma de se chegar ao poder e a maneira de exercê-lo. O jornalista Sergio Koabayashi, que conheço há muito tempo, tem experiência para mostrar esse verdadeiro passo a passo para quem quer se dedicar à vida pública por meio do processo eleitoral, e seguir os seus conselhos, bem como os da jornalista Luci Molina e da consultora de estilo Milla Mathias, o que é um avanço decisivo para o sucesso.

Heródoto Barbeiro
escritor e jornalista

SÓ OS TOLOS NÃO JULGAM PELAS APARÊNCIAS.

Oscar Wilde (1854-1900), escritor irlandês

INTRODUÇÃO

A sociedade nos toma por aquilo que parecemos ser. A roupa, assim como a linguagem corporal e o comportamento, é parte fundamental do imenso universo da comunicação. Independentemente de seu partido, os políticos são eleitos pela imagem que transmitem e é dever deles aprimorá-la.

Acreditamos que é possível mudar a maneira como a grande maioria dos políticos é vista. Afinal, o Brasil não vive só de candidatos com passagens efêmeras. Não temos uma fórmula mágica para vencer uma eleição, mas vamos apresentar neste livro algumas técnicas para melhorar a sua imagem em vários aspectos. Entretanto, o conteúdo é todo seu.

Partimos da premissa de que você já tenha uma bandeira a defender e a parcela da população que vai representar definida. O que vamos tratar aqui é de aprimorar seu estilo. O eleitor quer escolher políticos que o representem bem, inclusive visualmente. Dominar as regras dessa representação visual será mais um trunfo.

Não pretendemos falar de moda, que é passageira, mas sim de estilo. Se você não quer ser lembrado na história como algo "folclórico", saiba que quem souber se apresentar de maneira adequada vai dominar mais uma importante ferramenta de comunicação. Definido o seu estilo, vamos tentar realçar os pontos fortes e disfarçar os fracos – com isso você vai se ajudar, e não se autossabotar. O que você deve ter em mente é que, ao se candidatar a qualquer cargo, seja público ou não, é preciso conscientizar-se de que a imagem faz toda a diferença.

Vamos embarcar nessa viagem de autodescoberta.

PARA O
CANDIDATO

CREDIBILIDADE × ESTILO

Winston Churchill[1] não conseguia respeitar Mahatma Gandhi (1869-1948). Claro que as posições políticas e a luta do pacifista pela liberdade da Índia eram o que realmente irritavam o primeiro-ministro inglês. Mas, talvez para explicar a sua aversão, Churchill concentrava-se em um só argumento: "Ele vem seminu para negociar com o representante do rei", teria dito em várias ocasiões. Pois foi vestindo uma simples tanga e um xale de algodão, feitos com tecido *Kadhi*, que Gandhi conseguiu frustrar a Grã-Bretanha e tornar-se uma peça fundamental para a independência da Índia.

Um por um, primeiros-ministros, vários políticos importantes e, finalmente, a realeza cederam às demandas daquele faquir seminu. Mas seus trajes nem sempre foram aqueles. Quando cursava direito na Universidade de Londres, Gandhi usava ternos elegantes. Afinal, em algum momento de sua vida, um homem

---

1 *Sir* Winston Leonard Spencer-Churchill (1874-1965): político e estadista, teve papel fundamental como primeiro-ministro do Reino Unido durante a Segunda Guerra Mundial.

Na faculdade de direito de Londres, Gandhi vestia ternos.

tem de fazer uso desse grande ícone da elegância masculina.

Certa vez o pacifista chegou a uma festa oferecida por um governador inglês trajando seu xale branco. Os criados do político não o deixaram entrar. Gandhi foi embora e enviou ao governador um pacote contendo um terno completo. O governador quis saber o motivo daquela atitude. "Fui convidado para a sua festa, mas não me permitiram entrar por causa da minha roupa. Já que é a roupa que vale, eu lhe enviei o meu terno", disse o líder indiano.

Mas atenção: para ser um "Gandhi" e vestir o que bem entender é preciso trilhar um longo caminho. Se você não tem tendência a fazer longas greves de fome, estar sujeito à violência por acreditar na libertação de seu povo, praticar o celibato, ser preso por uma causa nobre, viver na pobreza e ser assassinado por um lunático, é melhor seguir algumas regras.

O VESTUÁRIO, PORTANTO, FALA.

Umberto Eco,
O hábito fala pelo monge

TERNO OU COSTUME?
QUAL É A DIFERENÇA?

Em primeiro lugar, é importante saber que o terno usado no dia a dia não deveria ser chamado de *terno*, e sim de *costume*.

O terno é sempre composto de três peças – paletó, calça e colete – de mesma cor e feitas do mesmo tecido. Já o costume tem duas peças – calça e paletó –, também de mesma cor e tecido. Se a cor da calça for diferente da cor do paletó, o traje não pode mais ser chamado de costume, pois, na verdade, se trata de um blazer e uma calça social.

Está complicado? Então vamos facilitar. Pense sempre que o paletó do costume precisa ser da mesma cor e do mesmo tecido da calça, e que geralmente as duas peças são vendidas juntas. O paletó pode ter de um a quatro botões, já o blazer, de um a três.

ESSENCIAIS NO GUARDA-ROUPA MASCULINO

Um homem deve ter pelo menos três ternos e/ou costumes: um claro, um de tonalidade média e um escuro. A lã fria é o tecido ideal para essas peças. Você vai dizer, arrepiado, que a lã esquenta muito. Ledo engano. A lã fria é opaca, deixa a pele respirar e mantém a temperatura do corpo, daí o fato de ser usada pelos beduínos no deserto do Saara.

O costume/terno de lã fria pode ser um grande investimento. Por isso, se você não puder ter três, tenha pelo menos um, preferencialmente de cor escura (azul-

-marinho ou cinza-chumbo). Esqueça os de poliéster: além de não deixarem a pele respirar, podendo causar mau cheiro e desconforto, eles amassam e brilham demais, o que não valoriza a sua imagem.

Os costumes/ternos de linho também não são recomendados. Eles deixam a pele respirar, mas amassam com muita facilidade, então você vai chegar ao fim do dia parecendo ter saído de um liquidificador, o que, convenhamos, não é nada elegante.

Uma excelente opção, que não amassa e é bastante confortável, é o terno ou costume de algodão com 2% de elastano. No entanto, não é comum encontrar peças desse tipo nas lojas, por isso você terá de mandar fazê-las sob medida. Mas acredite: vai valer muito a pena!

Os ternos ou costumes de cores claras são mais informais que os de cor escura, portanto devem ser usados no dia a dia da campanha. Isso porque, como veremos mais adiante, as cores claras passam a mensagem subliminar de proximidade e abertura, ao passo que as escuras, como preto e azul-marinho, criam certa distância, pois comunicam autoridade, poder, rigidez, devendo ser usadas em ocasiões mais solenes ou formais.

DICAS NA HORA DE COMPRAR TERNO OU COSTUME

PALETÓS

- Se tiver que ajustar os ombros do paletó, não compre. Arrumar dá tanto trabalho que a "emenda ficará pior que o soneto". Ele deve cair perfeitamente em você, pelo menos nessa parte do corpo.

- Não mexa em mais de três centímetros na altura do paletó. Você corre o risco de perder os bolsos ou de eles ficarem completamente fora do lugar.
- Se enrugar na parte superior das costas, esqueça: está largo demais. Se as rugas surgirem na horizontal, está apertado. Conclusão: não compre o paletó, mesmo que seja uma pechincha.
- A cava da axila não deve estar apertada a ponto de impedir seus movimentos.
- A manga do paletó deve ter um comprimento que permita ver cerca de 0,5 a 1,2 cm da manga da camisa, que deve terminar no primeiro ossinho do dedão.
- O paletó deve sempre cobrir as nádegas. Se terminar muito abaixo desse ponto, dará a impressão de que você é mais baixo e tem pernas curtas.
- Os paletós de três botões são modelos clássicos e atemporais. Os modelos mais modernos têm um ou dois botões. O jaquetão, com quatro botões transpassados, é muito antiquado – nem brechó aceita mais!
- Para manter uma imagem moderna, certifique-se de que o corte do paletó é levemente acinturado. Ele também deve ter abertura traseira, central ou dupla. Isso lhe dará mais mobilidade.

CALÇA

- Evite a todo custo a barra italiana, que, além de encurtar a silhueta, está fora de moda. O mais elegante é a calça reta, sem muitos detalhes ou pregas.

- A barra da calça deve sempre tocar o peito do pé e terminar no começo do salto do sapato. Peça sempre calças com barra transversal (em que a parte da frente é sempre mais curta que a de trás), para que o tecido não empape e arraste no chão. Você não imagina o efeito formidável que essa medida tão simples provocará no seu visual.
- Outro pequeno detalhe que faz grande diferença é a cor do bolso da calça: deve ser sempre a mesma do tecido da calça. Ou seja, nada de calça preta com bolso branco. É brega.
- Se quando você se sentar o bolso abrir demais e/ou sua barriga pender sobre a calça, fazendo o cós dobrar sozinho, está na hora de comprar uma calça um ou dois números maior.
- Usar calças muito apertadas é deselegante, além de ser desconfortável.
- Outro detalhe que não pode ser menosprezado é o "cavalo". Ele deve estar na altura certa, nem curto nem comprido demais.

BLAZER

O paletó foi popularizado a partir de 1835, na Inglaterra. No início era usado apenas por trabalhadores e boêmios, o que nos leva a concluir que se tratava do "primo pobre" da casaca usada pelos aristocratas da época.

Já o blazer foi inventado, em 1837, pelo comandante da fragata H. M. S. Blazer. Tudo começou com o desespero dele ao saber que a rainha Vitória (1819-1901) pretendia inspecionar seu navio. O comandante deu uma boa olhada na tripulação e, após constatar o estado lamentável das roupas dos marinheiros, mandou fazer para eles casacos em tecido de sarja azul-marinho, transpassados e com botões de latão, adornados com as armas da Marinha Real.

Além de excelente estilista, o comandante era precavido: ele mandou colocar botões nas pontas das mangas para que os marinheiros não limpassem o nariz nelas, o que era mania na época. O resultado foi surpreendente. A rainha gostou tanto do uniforme que ordenou que toda a Marinha Real adotasse o "modelito".

O blazer passou a ser obrigatório também nos clubes privados, com emblemas bordados nos bolsos, e nas universidades. Com o passar do tempo, essa peça foi ficando mais simples: perdeu a imensa quantidade de botões, emblemas e outros enfeites, transformando-se no maior curinga do guarda-roupa masculino.

Atualmente, o blazer é menos formal e mais versátil. Dependendo do corte, um paletó pode fazer as vezes dessa vestimenta, mas o inverso não é possível.

Se você ainda não tem nenhum blazer azul-marinho, precisa providenciar um, pois é um clássico do guarda-roupa masculino que pode tirá-lo de diversas enrascadas. É uma peça que sempre dá um *upgrade* no seu visual e pode ser usada com camisa social, camiseta polo, calças *jeans*, de veludo ou sociais, com ou sem gravata. Enfim, é uma peça bastante versátil. E, quando alguém o elogiar pelo traje, você pode contar a história do comandante do H. M. S. Blazer, que, se não for 100% verdadeira, é no mínimo divertida.

MAIS ALGUMAS DICAS

Num país tão grande e repleto de regionalismos como o Brasil, não será apenas de paletó e gravata que os candidatos disputarão as eleições, especialmente aqueles que almejam uma vaga de vereador em sua cidade natal.

Se você vive no Rio Grande do Sul, veste bombachas no dia a dia e é assim que as pessoas o conhecem, não mude. Não deixe de usá-las, pois é assim que o seu eleitorado se identifica com você.

Vale a mesma recomendação no caso de você morar no sertão nordestino e usar chapéu de couro para se proteger do sol. Nada de querer mudar a personalidade e o estilo para tentar ser o que você não é. Além de parecer artificial, você poderá perder a credibilidade. Saiba, entretanto, que cedo ou tarde você precisará usar um terno ou costume. Para saber como escolher o seu traje e os acessórios que combinam com ele, siga as instruções a seguir.

COSTUME/TERNO	CAMISA	MEIA	SAPATO
azul-marinho	azul branca rosa	preta azul-marinho	preto
azul-marinho	qualquer cor que não as mencionadas acima	preta	preto
cinza-claro/médio	azul branca rosa	azul-marinho preta	preto
cinza-claro/médio	rosa branca	azul-marinho café	café
cinza-claro/médio	qualquer outra cor, menos cinza	preta	preto
cinza-escuro	azul-claro	azul-marinho preta	preto
cinza-escuro	qualquer outra cor	preta	preto
preto	qualquer cor	preta	preto

A NECESSÁRIA MUDANÇA DE ESTILO

Luiz Inácio Lula da Silva é o maior exemplo nacional da necessidade de mudar de estilo para ganhar uma eleição. Muitos apostam que ele dificilmente seria eleito se continuasse com a barba no estilo "líder de classe", os cabelos ao vento e as roupas que usava na época da luta sindical.

A mudança foi bem maior do que o *slogan* "Lulinha Paz e Amor". Duda Mendonça, marqueteiro responsável pela campanha, incumbiu a consultora de imagem Nazareth Amaral da missão: "O principal, para o sucesso da imagem de Lula, é que ele ouviu e confiou nas indicações feitas. Ele foi inteligente, e o resultado não poderia ser outro: ficou fantástico".

Nazareth ressalta que outra característica muito positiva de sua relação com Lula foi o fato de ele ter concordado em não utilizar marcas importadas. De acordo com ela, Lula queria prestigiar a indústria nacional. "Para se vestir bem não é necessário usar produtos caríssimos. Sou contra grifes, tanto no campo pessoal como no profissional. Defendo qualidade, tecnologia, e não marca", diz a consultora.

Dois momentos de Lula: à esqueda, na época em que era líder sindical, seus cabelos e barba pretos estavam constantamente desalinhados; à direita, os cabelos grisalhos e expressões mais suaves contribuíram para que Lula chegasse à presidência da República.

DICAS DA CONSULTORA DE IMAGEM
NAZARETH AMARAL

- » Comece a cuidar de sua imagem muito antes das eleições, e não apenas com três meses de antecedência, como é de praxe.
- » Não se muda uma pessoa, aprimora-se.
- » Esteja antenado com o mundo atual: em 1969, era sensacional usar couro. Hoje, com os movimentos ecológicos, esse material caiu em desuso. O melhor é usar couro sintético.
- » Você entende de política. Quem entende de imagem é o profissional que estudou para isso. Também não confie na opinião de alguém que só quer agradá-lo (ou até mesmo prejudicá-lo).
- » Aceite com humildade mudar a fórmula. Alguns candidatos consideram-se semideuses e não permitem a aproximação. Com isso, eles próprios podem se boicotar.

Na opinião do consultor de imagem Claudio Vaz, todas as pessoas que têm uma imagem pública precisam aprimorar seu estilo. De sua carteira de clientes já constaram nomes como José Serra, Fábio Feldman, Andrea Matarazzo, Romeu Tuma, Michel Temer e o ex-presidente Fernando Henrique Cardoso.

Claudio Vaz salienta que, mesmo tendo uma elegância natural, FHC soube ouvir e seguir suas dicas, sem questioná-las. A única coisa que ele não admitia era gastar demais em um terno. O preço tinha de ser justo.

Para o consultor, que admite já ter visto aparências gritantes, um centímetro na roupa, para mais ou para menos, faz grande diferença. "Homens, normalmente, não são muito detalhistas e estão sempre com pressa. Por isso, aceitam tudo o que um vendedor empurrar só para sair da loja o mais rápido que puderem. Contudo, todos têm de saber que a roupa é a segunda pele, e, no caso do político, pode ser revertida em votos."

DICAS DO CONSULTOR DE IMAGEM

CLAUDIO VAZ

- Nunca coloque blusa de lã por baixo de um paletó de linho. Os tecidos mais pesados devem sobrepor os mais finos.
- Procure fazer o terno sob medida. O resultado é sempre melhor. Pode ser um pouco mais caro, mas ficará impecável.
- Não aceite a opinião de pessoas que não conheçam bem o assunto (esposa, empregados, motorista, vizinhos, etc.). Procure um profissional da área.
- O principal é passar credibilidade, sempre respeitando a sua personalidade.
- Não use camisas puídas nos colarinhos e nas mangas, por mais confortáveis que elas sejam. Seu interlocutor vai prestar mais atenção nos detalhes do que em você.
- Jamais abotoe os três botões do paletó: o último deve estar sempre desabotoado.
- O colarinho da camisa sempre deve ser ideal para o seu formato de rosto.
- É primordial sentir-se bem com a roupa, e nunca parecer que está "engessado" ou dentro de uma armadura. Sem saber, o homem acaba denotando arrogância.
- Lembre-se sempre de tirar as etiquetas (como aquelas que dizem 100% lã) do punho do paletó.
- Os homens erram muito ao escolher gravatas. A dica mais importante é jamais usar aquelas com animais ou personagens de desenho animado. São horrorosas e demonstram imaturidade.

GRAVATA

A gravata é a "cereja do bolo" em um terno ou costume. Oscar Wilde, famoso dramaturgo, escritor e poeta irlandês, já sentenciava: "Dar um bom nó na gravata é o primeiro passo sério na vida do homem".

Veja a seguir algumas dicas importantes sobre esse item do guarda-roupa masculino:

- Para saber se uma gravata é ou não de boa qualidade, enrole-a e solte-a. Se ela cair sem entortar, pode comprá-la sem susto.
- Prefira as gravatas de seda, que são de melhor qualidade e resultam nos melhores nós. As gravatas de outro tecido enrugam, entortam e brilham, além de darem ao seu visual um aspecto "barato".
- Preste atenção na largura da lapela do seu paletó, porque ela varia. Se ela for larga e você, crente que está abafando, colocar uma gravata mais moderna, que é mais fina, vai ficar parecendo estar com uma salsicha pendurada no pescoço. Isso não é nada elegante. A gravata tem que acompanhar a largura da lapela.
- A gravata deve ser sempre mais escura do que a camisa. O contrário resulta num visual de mafioso.
- A ponta da gravata deve coincidir com a fivela do cinto. Isso é muito importante, porque, se a gravata ficar curta, vai dar a impressão de que você está usando um babador; se, entretanto,

ficar mais longa, vai chamar a atenção para o "cavalo" da calça.

- Quanto mais gravatas você tiver, mais vai poder variar na produção. Mas não se esqueça: elas não devem ter motivos de bichos, personagens de desenho animado, flores ou qualquer outra estampa "engraçadinha". Ao contrário, devem ser lisas, regimentais (aquelas que têm listras diagonais) ou ter desenhos sóbrios, como a estampa de *cashmere* (desenho indiano que parece uma gota).
- Homens mais magros devem evitar gravatas muito largas, para não parecer que têm um guardanapo pendurado no pescoço. Já os mais "cheinhos" ou de tórax mais largo não devem usar gravatas muito estreitas, pois elas darão a impressão de serem ainda maiores. Lembre-se: a gravata deve acompanhar a lapela do paletó.

CURIOSIDADE

Desde o surgimento da humanidade, o homem sentiu a necessidade de amarrar um pedaço de pano ao seu pescoço. Sabe-se lá o motivo: segurar a baba, conter o suor, distinguir-se dos demais.

A gravata (do francês *cravatte*, que significa "algo de origem croata") como a conhecemos hoje é uma invenção croata, supostamente o povo que apresentou essa peça de indumentária à antiga sociedade parisiense.

Conta a lenda que as mulheres croatas, ao se despedirem de seus namorados e maridos que partiam para a guerra, costumavam presenteá-los com lenços para que se lembrassem delas e tivessem força e coragem. O lenço também era um sinal de que estariam pensando em seus amados e rezando por eles. Ao usar o lenço, o homem demonstrava respeito por sua eleita.

Por volta da primeira metade do século XVII, os soldados croatas foram bem-sucedidos em suas batalhas. Sua cavalaria tornou-se famosa e desfilou por toda a Europa com seu característico acessório, que se transformou num símbolo de elegância entre a burguesia.

Segundo outra versão – talvez mais plausível e menos romântica –, os croatas, a serviço da França, utilizavam o acessório como distintivo militar, ou seja, o pano amarrado no pescoço diferenciava as patentes. Os soldados usavam um tecido rústico, ao passo que os oficiais usavam algodão ou seda. Como o visual diferente foi bastante apreciado, o uso do acessório espalhou-se entre os parisienses, sempre ávidos por novidades. Mais tarde, a *cravatte* ganhou também o apreço dos ingleses: historiadores afirmam que, após um exílio de nove anos na França, o rei Charles II acabou assimilando e propagando o uso da gravata.

Em 1925, o gravateiro norte-americano Jesse Langsdorf patenteou uma gravata comprida, menos enrugada e mais estável, dando origem à peça que conhecemos hoje, confeccionada com três pedaços de tecido e cortada ao viés.

NÓS DA GRAVATA

Há livros e mais livros sobre esse tema, cuja discussão pode demorar séculos.

Então, para não complicar a vida de ninguém, vamos optar pelo método mais fácil.

O NÓ SIMPLES

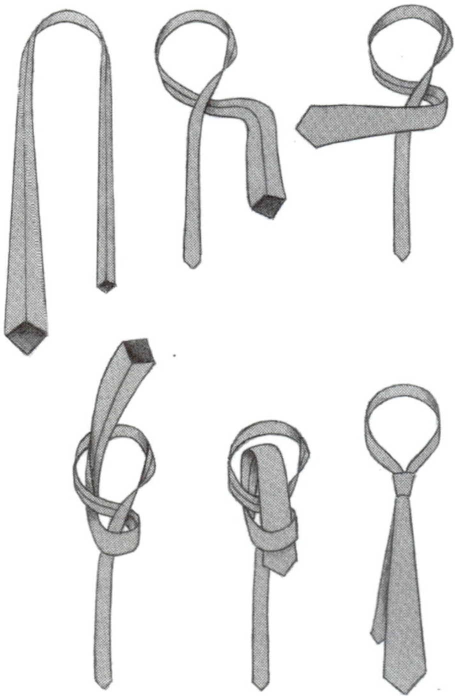

NÓ DE WINDSOR

Também chamado de *nó duplo*, o nó de Windsor é o mais volumoso de todos e o preferido dos homens mais exigentes.

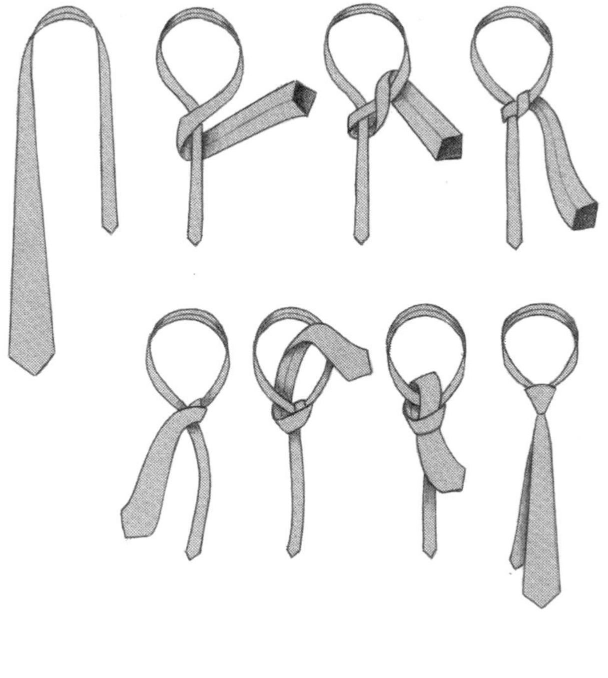

MAIS ALGUMAS DICAS

» Se você tiver o rosto muito largo, é melhor evitar o nó simples. No seu caso, o nó ideal é o de Windsor.

» Se você está com sobrepeso, o melhor nó também é o de Windsor, pois o nó simples aumenta a área corporal, fazendo você ficar maior ainda.

» O formato do colarinho da camisa também ajuda a determinar o nó da gravata: quanto mais aberto (do tipo italiano), maior deve ser o nó. Já o colarinho tradicional (do tipo inglês) pede o nó simples, pois assim há maior equilíbrio na composição.

» Nem pense em comprar gravatas que já venham com o nó pronto, pois você não poderá controlar nem a altura dela nem a qualidade do nó. Trate de aprender a dar o nó: a recompensa será maravilhosa!

» Pescoço curto e largo pede nó mais simples, pois, do contrário, tende a sumir de vez. Já o pescoço fino e comprido precisa ser "compensado" com mais volume, daí a necessidade de um nó duplo.

GRAVATA-BORBOLETA

Hoje, o uso da gravata-borboleta é obrigatório apenas para o *smoking* (quando deve ser necessariamente preta). Ela é opcional para os ternos e uma questão de estilo nos demais casos.

Esse tipo de gravata pode dar um toque diferente ao traje dos homens mais ousados e estilosos, mas todo cuidado é pouco. Corre-se o risco de ousar demais e cair na vala do ridículo, ficando conhecido como o "cara da gravata de lacinho".

A maneira correta de usá-la é colocá-la entre a linha lateral e externa dos olhos e a linha final do rosto, nunca excedendo esse limite. A gravata-borboleta deve ser usada apenas com camisa social, que deve estar sempre fechada até o último botão.

NÃO TENTE ADOTAR UM ESTILO QUE NÃO SEJA O SEU

Quando se menciona o estilo dos políticos, muitos podem se lembrar de Jânio Quadros, que fugia do modelo *elegante*.

Durante as campanhas, ele optou por usar roupas surradas e puídas, sapatos trocados, barba por fazer e por levar no bolso um sanduíche de mortadela. Dizem que a caspa no paletó também era uma "montagem" para compor seu estilo, para lá de despojado. Alguns deviam se perguntar se ele teria empobrecido ou enlouquecido. Ao contrário. Jânio idealizou esse estilo para ficar mais perto dos eleitores mais humildes, ou seja, da maior parte do eleitorado. Era a marca populista levada ao extremo.

Entretanto, se você não tem o carisma e a verve de Jânio Quadros, é melhor garantir um estilo mais tradicional. Isso não significa que todos os políticos (homens ou mulheres) devam se vestir da

mesma maneira, ao melhor modo Mao Tsé-Tung. Aliás, muito cuidado ao adotar um estilo semelhante ao de outra pessoa.

Mao Tsé-Tung, por exemplo, além de ter uma personalidade controversa, de ser responsável por milhares de mortes e pela malfadada Revolução Cultural, ficou conhecido por ter um estilo pessoal nada ortodoxo. Ele acreditava, por exemplo, que fazer sexo prolongava a vida. Devido ao grande número de companheiras, sempre muito mais jovens do que ele, Mao contraiu herpes genital. Além disso, não gostava nem de tomar banho nem de escovar os dentes. Já pensou ficar conhecido na história por esses atributos?

Contudo, no caso de Mao, a maior ironia deu-se em relação ao seu estilo de vestir-se: ele fez da farda cinza um dos símbolos da Revolução Cultural chinesa, que logo serviu de inspiração para a moda ocidental. Mais tarde, no mundo *fashion*, houve o batismo da "gola Mao", uma gola dobrada e de pontas arredondadas inspirada no uniforme usado pelo líder chinês. Ele deve ter se revirado na tumba de ódio. Afinal, sem saber, criou uma tendência.

Ainda bem que você não precisa usar uniforme. Hoje há uma infinidade de escolhas. Há milhares de modelos diferentes de camisas, por exemplo. Veja a seguir como escolher o modelo certo.

CAMISAS

- Com ternos e costumes, use sempre camisas sociais. Antes que você pergunte, camisas sociais são aquelas que têm poucos detalhes (listras, bolsos, etc.) e feitas de tecidos mais finos, lisos ou com listras estreitas, sem muito contraste. Se optar por camisas com bolsos, nada de enchê-los com canetas, papéis, óculos, entre outros objetos.
- Se você é um daqueles loucos por estampa xadrez, lembre-se de seguir a mesma regra: o desenho deve ser o mais discreto possível, tanto na padronagem como na cor.
- Camisas com botões no colarinho, as chamadas *button down*, são esportivas e não devem ser usadas com ternos ou costumes. Não insista!
- O colarinho deve ser adequado ao formato do seu rosto e na medida certa do seu pescoço. O ideal é que tenha um dedo de folga: assim você vai poder respirar e engolir sem sofrimento.
- Outro detalhe muito importante é o caimento da camisa nos ombros. A costura da manga deve ficar em cima do ossinho do ombro, exatamente no ponto anterior ao começo do braço. Caso contrário, você vai parecer ter ombros caídos e a elegância tão batalhada vai para o ralo.
- Para o dia a dia, prefira camisas com punhos simples. As de punho duplo (modelo francês) são mais modernas e devem ser usadas em ocasiões mais formais, pois pedem abotoaduras. Se

quiser bancar a produção, esteja ciente de que precisa saber "bancar" o modelito e sofrer todas as consequências.

- As camisas de tecido 100% algodão são as ideais, pois, além de terem um caimento melhor, não brilham e deixam sua pele respirar. Evite camisas de outros tecidos ou com mescla de poliéster, que é totalmente inadequado. Use no máximo camisas que tenham mescla com um pouco de elastano para ter mais conforto.
- Camisas com medidas exatas ajudam a reduzir o volume corporal, mas isso não quer dizer que você deva usar uma camisa no estilo "Superman" ou "Incrível Hulk", que tem os botões saltando de tão apertada. Elas devem ser sempre do tamanho exato.
- O comprimento das mangas é outro detalhe importantíssimo. Elas não devem ser curtas demais, para não desaparecerem se você vestir um paletó, nem compridas demais, para seu braço não ficar empapado por causa do excesso de tecido.
- Engana-se quem pensa que usar a camisa fora da calça disfarça a protuberância abdominal. Nunca se esqueça: a camisa para fora da calça sempre dará a impressão do "efeito barraca".

MAIS ALGUMAS DICAS

- » No dia a dia da campanha, prefira camisas de manga comprida, sempre usadas por dentro da calça. Para ficar com um ar mais elegante e moderno, dobre as mangas duas vezes. Mas apenas duas vezes! Nada de mostrar os músculos, nem o resultado da falta de atividade física.
- » Se você tem caspa ou algum outro tipo de alergia capilar, evite usar camisas escuras, principalmente as pretas.
- » Use camisas de manga curta somente em caso de eventos bem descontraídos, como um churrasco. Nesse caso, opte por uma calça *jeans* mais clara ou feita de algodão, ou por uma bermuda. Camisas de mangas curtas jamais devem ser usadas com ternos, costumes ou calças sociais.
- » Se você é do tipo que transpira muito, procure usar uma camiseta básica, bem justa, por baixo da camisa. A *underwear* fará com que as cavas das camisas sociais demorem mais tempo para amarelar. Se a camisa for de tom claro ou médio, use camiseta branca; se for escura, escolha a de mescla cinza.
- » As camisas sociais devem ter "barbatanas" nos colarinhos, assim suas golas não ficam virando para cima, sinal de desleixo que acaba com qualquer produção. Saiba que as barbatanas podem ser de metal ou de plástico, nada disso influência no resultado final. O importante é lembrar que elas devem ser retiradas na hora de lavar.
- » Outra dica importante tem relação com as cores das camisas. No dia a dia, o ideal é que elas sejam de cores suaves: azul-claro, branco, rosa-claro (muitos homens têm preconceito, mas fica um charme), etc. Esqueça as cores chamativas e que distraiam o seu público-alvo, como o roxo, o amarelo-canário, o verde-bandeira, o vermelho, o laranja, o azul-royal, o verde-abacate, e as cores fluorescentes.

VESTIU UM UNIFORME MILITAR E SAIU POR AÍ

Ao longo da história, o uniforme militar foi usado por muitos presidentes e inúmeros ditadores, como Adolf Hitler, Josef Stalin, Benito Mussolini e Francisco Franco, sem contar os vários presidentes das "republiquetas das bananas". O motivo é simples: a farda impõe respeito. Ao contrário de Mao, para quem o uso do modelito indicava igualdade, os demais defendiam o poder absoluto, por isso o estilo adotado por eles precisava passar a imagem desejada: a de uma autoridade inquestionável.

Fidel Castro, por exemplo, fez da farda verde-oliva um ícone da Revolução Cubana. Contudo, sempre que ele queria passar uma imagem confiável, deixava de lado o monocromático uniforme militar e optava pelo terno, especialmente nos compromissos com autoridades internacionais.

Um exemplo disso pode ser visto no encontro com o papa. A imagem que foi transmitida para todo o planeta foi a de um sóbrio Fidel Castro ao lado de João Paulo II. Quando Fidel ficou doente e passou o poder ao irmão Raúl, foi visto usando roupas esportivas e de marca estrangeira (quem diria?!) em vez de pijamas. Por essas e outras, pode-se dizer que ele sabia a necessidade de adotar um estilo para cada momento de sua vida.

ROUPAS DO DIA A DIA NA CAMPANHA

Esta é uma lista de peças básicas que você deve ter no guarda-roupa de campanha. Para facilitar a sua vida, escolha cores neutras que coordenem entre si e com as peças-chave. Sugerimos azul-marinho e cinza, pois são cores neutras e bastante profissionais que transmitem seriedade e permitem inúmeras combinações.

- **CAMISETA POLO:** é um dos maiores curingas do guarda-roupa informal masculino, seja de manga curta, seja de manga longa. Você pode ter vários modelos lisos ou com listras para combinar com calças *jeans* ou de algodão, ou com bermudas. Se você é baixinho e está acima do peso, ou tem o tronco muito largo, evite usar camisetas com listras horizontais, pois isso vai deixá-lo ainda mais achatado.
- **CALÇAS *JEANS* OU *CHINO* CLARAS OU ESCURAS:** *Chino* é uma calça esportiva feita de sarja, de corte reto e cores neutras (cáqui, areia, azul-escuro, cinza, etc.), que vai deixá-lo com um ar mais "arrumadinho". Pode ser usada com ca-

miseta polo ou camisa esportiva, mocassins de couro ou tênis mais estilosos. Só não vale aquele que você usa para fazer ginástica. Uma curiosidade: o termo *chino* surgiu nos anos 1900, quando o exército norte-americano usou pela primeira vez esse modelo de calça na Guerra dos Boxers, na China.

- **CINTO DE COURO:** use os cintos nas cores preta, marrom-café ou uísque. Prefira os modelos lisos para os trajes formais e os mais trabalhados para os trajes informais.
- **MOCASSIM SOCIAL DE COURO:** use os sapatos também nas cores preta, marrom-café ou uísque. Eles precisam obrigatoriamente combinar com o cinto.
- **MALHAS:** opte pelas de gola V na cor azul-marinho com peças sociais e pelas de gola careca (desde que sejam de bom gosto) para *looks* mais informais (neste caso, podem ser coloridas, mas tenha bom senso, é claro).
- **CALÇA *JEANS* ESCURA:** peça básica e versátil que, assim como o blazer azul-marinho, precisa estar no seu guarda-roupa. Vai bem com camisetas, camisas e blazers. Jamais dobre a barra da calça para fora. Além de diminuir a sua estatura, você vai parecer recém-saído de um filme dos anos 1950, direto do "túnel do tempo"! Se fizer isso, jamais conte que leu este livro!
- **MUDA DE ROUPA:** sempre carregue consigo uma camisa extra, pois nunca se sabe o que pode

acontecer em dia de campanha: carregar criança no colo, tomar chuva, comer pastel na feira, suar muito, dar e receber muitos abraços, levar tomates ou ovos na cabeça (esperamos sinceramente que isso não aconteça!).

- **CAMISETAS COM PALAVRAS OU FRASES EM LÍNGUA ESTRANGEIRA:** esse tipo de peça pode ser traiçoeira, porque você e o seu público podem não entender nada. Sabe-se lá qual mensagem você está carregando no peito...

ONDE ESTÁ WALLY?
QUEM É O GRANDE DITADOR?

Fale a verdade, dá para confiar? Nos anos 1970 e 1980, Kadafi foi um dos maiores financiadores do terrorismo mundial. Além disso, fez apologia ao sequestro de aviões e seu país forneceu a base material de operação aos grupos terroristas.

Após uma retaliação do então presidente norte-americano Ronald Reagan, quando caças bombardearam o palácio de Kadafi e mataram uma de suas filhas, o ditador mudou de atitude e decidiu adotar o estilo

No encontro anual de líderes do G8, em L'Aquila, Itália, em 2009, o ditador líbio Muamar Kadafi vestiu um terno branco sob a *bisht* árabe tradicional.

"bom moço": à frente do governo da Líbia por mais de quatro décadas, ele passou a ajudar as autoridades ocidentais a combater o terrorismo. O mundo, entretanto, sempre duvidou de sua sinceridade.

Sempre acompanhado de seu exército feminino de segurança, Kadafi também cometeu as suas gafes. Quando estave em visita ao Vaticano, em 2010, Kadafi provocou os cristãos ao afirmar que a Europa deveria se converter ao islamismo.

A vestimenta do ditador demonstrava muito bem como ele desejava ser visto: Kadafi não dava a menor importância ao que as pessoas pensavam, e os acessórios que ele usava eram no mínimo peculiares.

Em uma produção visual, os acessórios têm fundamental importância. Por isso, você não deve negligenciar nenhum detalhe. Veja a seguir o que usar.

ACESSÓRIOS

MEIAS

- As meias ou acompanham a cor da calça ou a do sapato. Quando você usar sapatos sociais pretos, as meias devem ser obrigatoriamente pretas. Se os sapatos forem marrons, você pode optar por combiná-los com meias marrons ou bege.
- Nunca use sapatos formais sem meias.
- Diz a lenda que a cor da meia deve combinar com a da camisa. Então, nessa linha de raciocínio, camisa azul pede meias azul-marinho, camisa vermelha pede meias cor de vinho, e assim

por diante. Mas, como já dissemos, isso é "lenda" e, em alguns casos, brega.

- Michael Jackson era o único homem do planeta Terra que podia combinar sapatos escuros com meias brancas. Essas meias só podem ser usadas com tênis para praticar esporte, e nada mais!
- Procure usar meias feitas de algodão ou cuja mescla inclua uma grande porcentagem desse material. As meias de tecido sintético, além de fazerem seu pé "fritar", vão deixá-los com mau cheiro no final do dia. Se você estiver em um ambiente pequeno, cuidado, porque o cheiro será sentido pelas pessoas à sua volta mesmo que você não tire os sapatos.
- Ao usar bermudas, se você optar por tênis, use meias rasas, e não aquelas que terminam no meio da canela. Nem pense em usá-las com sapatos de couro ou mocassins esportivos. O efeito é medonho!

LENÇOS, ECHARPES E CACHECÓIS

Atualmente, são poucos os homens que fazem do lenço de bolso um acessório diário. Ele é visto mais frequentemente em ocasiões muito solenes, como casamentos. Se você é um dos grandes amantes do lencinho de bolso, que pode ser de seda, algodão ou linho, saiba que não precisa combiná-lo com a gravata, mas também não deve usá-lo de qualquer jeito ou vai destruir seu visual. Na dúvida, não use.

Já as echarpes e os cachecóis têm encontrado cada vez mais espaço no vestuário masculino. Nada mais elegante do que um homem que, no inverno, coloca um belo casaco e arremata a produção com um cachecol para não sentir frio no pescoço. Os cachecóis podem ser de tecidos naturais, como algodão ou lã. Cuidado com os de tecido sintético, como acrílico e poliéster. Além da alergia que esses materiais podem provocar, eles podem parecer "baratos" e desvalorizar a sua imagem.

Para o dia a dia, prefira cores mais sóbrias e neutras. Se você estiver usando uma roupa muito escura, pode colocar um cachecol ou echarpe mais claro para iluminar e "quebrar" o visual austero, e vice-versa. Os cachecóis e as echarpes podem ser listrados, estampados ou não, mas nunca se esqueça de que a sua imagem deve passar seriedade e credibilidade. Portanto, nada de bichinhos, bandeirinhas, escudos do time do coração, etc.

ÓCULOS

Embora muitas vezes o acessório seja completamente negligenciado, acredite: ele interfere – e muito! – na sua imagem.

O renomado designer de óculos Francisco Ventura Júnior, que tem entre seus clientes a ex-candidata à Presidência da República Marina Silva, a família Sarney, Geraldo Alkmin e Paulo Maluf, dá dicas importantes sobre o tema.

Ventura salienta que os políticos têm ciência da necessidade da mudança na imagem.

O que os políticos buscam ao procurá-lo?

FV: Eles vêm buscar uma atualizada. Eles querem se livrar do ranço e acreditam que os óculos certos podem ajudá-los nisso. Apesar de eles desejarem atualizar a imagem, não querem ficar com ar "pop" ou moderno demais; no caso dos políticos, o que eles procuram é a neutralidade. Os óculos devem ser o mais discretos possível para não distrair o eleitor e não fazer o candidato/político virar um personagem. A marca deixada pelos óculos é um assunto muito delicado e, por isso, eles não devem ser o principal foco do rosto. Os óculos devem deixar a expressão do candidato/político transparecer.

Quais são os maiores erros cometidos ao usar óculos?

FV: Usar óculos sujos, modelos desproporcionais ao rosto, modelos que os deixam com expressão triste, modelos que ficam tortos no rosto. É horrível também quando a pessoa usa os óculos na ponta do nariz: parece um daqueles velhinhos de histórias infantis. Os óculos de uso diário, com a lente transparente, não devem cobrir as sobrancelhas, pois isso esconde a expressão do candidato/político e ele pode ficar caricato. Outro erro imperdoável é a sujeira. Como é que uma pessoa que usa óculos sujos vai zelar pela limpeza de uma cidade, estado ou país? Que credibilidade ela vai passar como representante do povo?

É verdade que a armação pode envelhecer?

FV: Sim, ela pode dar esse efeito se for muito carregada, se não combinar com o tom de pele, olhos e cabelos, se não realçar as sobrancelhas. As armações muito pesadas na parte superior também contribuem para envelhecer a pessoa, já que chama a atenção para as rugas de expressão na área da testa, e o visual pode ficar muito pesado. Além disso, tem o aspecto do cordão que prende os óculos no pescoço: quer sinal maior de que a idade já chegou?! Fora que essa "correntinha" pode causar acidentes na hora de abrir gavetas, abraçar pessoas, etc. A solução é mandar fazer óculos bifocais e mantê-los no rosto o tempo todo, bem apoiados na base do nariz.

Qual o maior conselho para escolher uma armação?

FV: Prestar atenção no estilo e nas características físicas. Além disso, sempre ter em mente o objetivo: transmitir a imagem de uma pessoa séria e sóbria. É interessante, também, que o candidato/político tenha vários modelos de óculos para poder combinar com o tipo de roupa e evento.

O que vale para os óculos escuros?

FV: O bom senso e uma boa orientação. Saber que os modelos de óculos esportivos devem ser coordenados somente com roupas esportivas, em vez de usá-los, por exemplo, com terno e gravata. Ou seja, com terno e gravata os óculos escuros devem ser mais formais também. Outro ponto importante é que não há problema se a armação esconder as sobrancelhas.

MAIS ALGUMAS DICAS

» Procure um profissional especializado. Só porque a armação caiu "como uma luva" em seu cunhado, não quer dizer que também ficará boa em você.

» Conversar com alguém cujos olhos você não consegue ver é angustiante. A não ser que os raios solares estejam maltratando suas pupilas, seja bem-educado e tire os óculos para falar com as pessoas.

» Lembre-se de limpar as lentes dos óculos com frequência para não aparentar falta de higiene ou desleixo consigo mesmo. Ao verem seus óculos com as lentes sujas, as pessoas podem pensar: "Se ele não cuida de si mesmo, como pode cuidar dos meus interesses?".

» Óculos espelhados dão a impressão de que você acabou de sair de uma máquina do tempo, diretamente dos anos 1980. Esqueça! Eles são medonhos e deixam você com cara de besouro, tornando impossível alguém levá-lo a sério.

RELÓGIOS, CORRENTES E AFINS

Diferentemente das mulheres, os homens JAMAIS devem ousar nas joias. As peças devem ser bastante discretas e usadas em momentos apropriados, com a máxima prudência. Na verdade, cá entre nós, as únicas joias que os homens podem usar são relógios, alianças e abotoaduras.

MAIS ALGUMAS DICAS

» Nem pense em usar correntes grossas no pescoço. Caso você queira usar uma corrente e uma medalha, elas devem ser discretas e ficar escondidas sob a camisa.

» Brincos, até mesmo os mais discretos, estão terminantemente proibidos. Eles só combinam com adolescentes, que estão em fase de autodescobrimento, jogadores de futebol e artistas. Acredite: os brincos, por mais bonitos que fiquem em você, podem desviar a atenção de seus ouvintes.

» Alguns homens amam relógios e têm uma coleção bastante significativa. Seu eleitorado deve se identificar com você. Por isso, ostentar objetos caros e chamativos pode não ser uma boa estratégia de marketing político, sem falar que é brega. Para o dia a dia, escolha os modelos mais simples (menos é mais!). Os sociais têm moldura fina de ouro fosco ou platina e pulseira de couro. Os modelos esportivos são maiores, têm *design* anatômico e pulseira de couro, metal ou borracha.

BOLSAS E PASTAS

A maioria dos homens brasileiros não tem o hábito de usar bolsas para carregar celulares, carteiras, óculos escuros e outros itens pessoais. Apenas alguns poucos têm aderido a esse acessório tão moderno.

Uma alternativa nada recomendável é encher os bolsos das calças e paletós com os pertences. Fica horroroso. O uso da pochete também é inaceitável. O que fazer, então? Recomendamos que você reduza o número de objetos que carrega e use uma bonita pasta. As pastas devem ser de couro, pretas ou marrom-café. Nenhuma outra cor, estampa ou material vai passar a imagem que você busca: a de um candidato sério, responsável, cuidadoso e elegante.

CINTOS

Os poucos acessórios permitidos aos homens podem dar o tom à roupa e fazer com que o visual pareça bem acabado.

Veja algumas regras de ouro que você deve seguir:

- Se você decide usar um sapato de couro preto, o cinto deve ser obrigatoriamente preto. Se quiser usar um cinto marrom, o sapato deve ser da mesma tonalidade.
- A combinação calça *jeans*, tênis e cinto de couro (independentemente da cor) é uma das piores que você pode fazer. O correto é usar cinto de couro com sapato de couro, e tênis com cinto de lona.

- Quanto mais liso o couro, mais formal; quanto maior a fivela, mais informal.
- Se você quiser mostrar domínio do assunto "estilo", use cintos do mesmo tecido de seus ternos e costumes, com fivelas retangulares ou quadradas de metal prateado e fosco. Fica um luxo!
- Ao afivelar o cinto, certifique-se de que colocou o pino no terceiro furo. Se o cinto estiver pequeno, leve-o à sapataria para fazer furos extras; se estiver grande, peça ao sapateiro que o corte, ou compre outro.
- Os cintos de fivela de metal prateado e fosco são mais elegantes e discretos do que os de metal dourado.
- Por falar em fivelas, todo cuidado é pouco. Fivelas muito grandes, estilo *cowboy*, só em eventos de agropecuária ou em *show* sertanejo.
- Evite usar cintos muito escuros com roupas muito claras.
- Para manter o couro liso, pendure o cinto em vez de guardá-lo enrolado.
- Se você decidir usar suspensórios, dispense o cinto, pois ambos têm a mesma função: segurar a calça. Portanto, ou um ou outro.
- Cintos brancos estão enquadrados no mesmo critério dos sapatos: servem somente para os profissionais da área da saúde.
- Uma regra que não pode ser quebrada: a cor do cinto de couro deve ser exatamente igual à dos sapatos. Se isso não for possível, procure fazer

o mínimo de contraste possível. Nem pense em usar cinto preto com sapatos marrons!

- Quanto mais liso o cinto, mais formal ele é. Deve ser usado com ternos, costumes e calças sociais. Com *jeans* e outras calças você pode usar modelos de couro trabalhado.
- Os cintos de lona ou coloridos são bastante informais e devem ser usados com bermudas, calças *jeans* ou de algodão, mocassins esportivos, tênis ou dock sider.
- Cinto não é porta-trecos. Portanto, nada de pendurar nele celular, rádio, chaves, amuletos, santinhos e outros objetos.

SAPATOS

Os sapatos dizem mais sobre uma pessoa do que se pode imaginar. Quer ver só? Quando o ex-bispo Fernando Lugo tomou posse como presidente do Paraguai, calçava sandálias franciscanas em vez de sapatos. Segundo ele, era uma maneira de demonstrar simplicidade e de quebrar os paradigmas da burguesia. A notícia foi amplamente divulgada por seu ineditismo e pela quebra de protocolo. Nem mesmo a descoberta, mais tarde, de que Lugo teria tido filhos enquanto era religioso deu tanto o que falar.

Já o estilo *cowboy* foi trazido pelo mexicano Vicente Fox, apelidado por alguns de "o presidente de botas". Ele combinava esse tipo de calçado até com fraque. Você não quer ficar conhecido por esse tipo de detalhe... Ou quer?! O que você precisa saber é que, quan-

Modelos de sapatos masculinos, da esquerda para a direita: oxford (extremamente social), barcroft (social); derby (ainda pende para o social, porém é um pouco mais informal que os dois anteriores); brogue (semissocial); full brogue (semissocial, para ser usado em ocasiões informais).

to mais fino é o solado do sapato e menos detalhes ele tem (adereços, salto, furos, costuras, fivelas, pompons), mais social ele é. O sapato social pode ser usado com ternos e costumes em ocasiões mais formais.

De nada adianta você estar com um costume lindíssimo e os sapatos errados, pois você não vai conseguir passar a credibilidade almejada. Tem que haver harmonia, entrosamento entre as peças principais e os acessórios.

Conheça os principais modelos de calçados:

- **OXFORD:** deve ser usado com calça social e costumes.
- **MONKSTRAP:** extremamente social, deve ser usado com *smoking* ou com um terno caro.

- **BROGUE:** mais informal, deve ser usado com calças de veludo ou *jeans*.
- **BARCROFT:** está entre o formal e o informal, e deve ser usado com calça social (sem gravata) ou um costume mais despojado. Não deve ser usado em ocasiões solenes.
- **DERBY:** é ideal para o dia a dia. Costuma ser liso e ter orelhas mais largas. É mais informal que o barcroft, por isso pode ter solado de borracha.
- **MOCASSIM SOCIAL:** apesar do nome, ele é mais informal e não deve ser usado com costumes ou ternos tradicionais. Tem solado de couro bem fino e é um acessório que fica bem com o trio calças *chino*, paletó social e camisa esporte. Também cai bem com *jeans* de tonalidade média a escura. O mocassim deve ser sempre de couro e a cor marrom-café dá a versatilidade que ele merece.
- **MOCASSIM ESPORTIVO:** como o próprio nome diz, só pode ser usado com roupas esportivas e em ocasiões bem descontraídas. Geralmente é de camurça. Fica melhor com bermudas e camisas de manga curta ou camiseta polo.

- **TÊNIS DE COURO OU DE TECIDO:** com ele você fica bastante informal. Use com cautela, para não parecer um adolescente. Se você não faz o estilo "moderninho", nada de colocar calça, blazer e tênis. E nem pense em usar o tênis com o qual você faz ginástica!
- **DOCK SIDER:** esse modelo foi tão usado nos anos 1980, que hoje as pessoas o rejeitam. Tadinho! Vamos combinar que ele é melhor do que um "conga". O dock sider pode ser usado com roupas mais esportivas, como calças *jeans*, calças de algodão e bermudas, ou seja, roupas descontraídas.

MAIS ALGUMAS DICAS

» Deixe o sapato que você usou descansar pelo menos 24 horas antes de calçá-lo novamente. Assim ele vai respirar e ter maior durabilidade. Seus sapatos de couro devem ser engraxados a cada quinze dias e guardados com fôrma de madeira ou acrílico, para que o couro não fique com aspecto de enrugado.

» Vamos repetir até você ficar convencido: os detalhes metálicos dos sapatos devem ser prateados e foscos para manter a discrição e a elegância. Sapato branco pode ser usado somente por médicos, dentistas, sambistas, pais de santo, bicheiros, etc.

» Ou você usa tênis ou usa sapatos de couro. O que não dá é usar sapatos com solado de tênis de corrida.

ABOTOADURAS

Historiadores não conseguem apontar com precisão quando surgiu o acessório. Há indícios de que um objeto muito parecido com abotoaduras foi identificado em hieróglifos dos antigos egípcios. O certo é que o homem sempre precisou de algo para prender as mangas, evitando assim que elas se molhassem em copos de vinho ou na sopa. No início eram usados fita e cordão, porém algo mais elegante se fazia necessário. Ingleses juram por tudo que há de mais sagrado que foi o rei Carlos II o primeiro a utilizar *botão de punho* ou *link-link*, como também é conhecido o acessório. Já os franceses batem os pés e afirmam que o rei Luís XIV foi o maior propagandista da abotoadura. Seja lá quem usou primeiro, o certo é que só depois da Revolução Industrial a abotoadura conseguiu cair nos braços do povo, literalmente.

Na literatura, o acessório foi mencionado pela primeira vez pelo escritor Alexandre Dumas, no livro *O conde de Monte Cristo* (1844). Na época, as abotoaduras eram peças obrigatórias na vestimenta de qualquer cavaleiro que quisesse ser respeitado. Atualmente elas são usadas por homens que realmente querem incrementar o visual formal.

Veja algumas regras para o uso de abotoaduras:

- Para usar o acessório, você deve escolher camisas que tenham punho duplo e usá-las em ocasiões mais formais, com ternos e trajes a rigor.
- Não se preocupe em combinar a abotoadura com os demais acessórios. Hoje a moda é "coor-

denar descoordenando", ou seja, as abotoaduras não precisam combinar com relógios, gravatas, alianças e lenço de bolso, como se acreditava antigamente.

- Você pode mandar gravar suas iniciais nas abotoaduras e fazer delas a sua marca registrada.
- Não existe nada mais estressante do que ver um homem xingando enquanto coloca as abotoaduras: parece uma luta livre entre o homem de Neandertal e o dragão de Komodo. Seja fino e elegante até nesse momento. Exercite a humildade e peça ajuda. É melhor do que blasfemar contra toda a humanidade.

CURIOSIDADE

O par de abotoaduras mais valioso já vendido foi um "singelo" presente de Wallis Simpson ao marido, nada mais, nada menos que o rei Eduardo VII, da Inglaterra. O mimo custou a pechincha de $ 440.000 dólares, em 1987. Quem pode pode...

VOTO DE PROTESTO
IGNORÂNCIA POLÍTICA OU INSATISFAÇÃO?

Se você acha que o voto de protesto vale a pena, pense bem. Não adianta um político receber votos de protesto, pois, se ele chegar a ganhar a eleição, a vitória provavelmente não acontecerá uma segunda vez.

Quando a votação era feita em papel e não em urna eletrônica, os eleitores escreviam o que bem entendiam. Com isso, em 1959, o campeão de votos para a Câmara de Vereadores de São Paulo foi um rinoceronte chamado Cacareco, que vivia no Jardim Zoológico da capital.

> O PREÇO QUE O HOMEM DE BEM PAGA POR NÃO SE ENVOLVER EM POLÍTICA É SER GOVERNADO PELOS MAL-INTENCIONADOS.
>
> Platão (428[7]/348[7])

Cacareco, uma fêmea de 900 quilos, teve a candidatura lançada por brincadeira pelo jornalista Itaborahy Martins, do jornal *O Estado de S. Paulo*. Martins até criou um *slogan* para a campanha: "Cacareco para vereador". Claro que o paquiderme não tomou posse e que a classe política, mais uma vez, foi ridicularizada.

Mas, se serve de consolo, não é só no Brasil que isso acontece. Na Finlândia, país com uma das maiores rendas *per capita* e o menor índice de corrupção do mundo, a população elegeu para o parlamento Tony Halme, um pugilista tido como excêntrico.

Halme amealhou não só troféus, como controvérsias em sua curta existência. No dia seguinte ao da eleição, ele desacatou a então presidente da Finlândia, Tarja Halonen: "Se nós podemos eleger uma presidente lésbica, por que não a mim?". Halme foi obrigado a pedir desculpas publicamente pela incontinência verbal contra a maior autoridade do país. Ele, que travava uma batalha contínua contra o álcool e as drogas, teve uma morte prematura: foi encontrado morto em casa, aos 47 anos de idade. Segundo especulação da imprensa finlandesa, teria sido suicídio.

Como já dissemos, acreditamos em uma política séria, daí todo o nosso esforço para que a sua votação seja construída no campo das ideias e do trabalho. Só que sua aparência precisa demonstrar isso. Para melhorá-la, siga as dicas a seguir.

É PROIBIDO USAR em qualquer época de sua vida:

- Calças tão justas que fazem você parecer ter pulado do beliche para conseguir entrar nelas.
- Calças com elástico na cintura que podem deixá-lo com aspecto abajur;
- Camisas abertas que deixem o peitoral à mostra.
- Camisas e camisetas de tecido transparente e/ou muito justas.
- Acessórios muito chamativos, que farão com que você pareça uma árvore de Natal.
- Pochete (vamos repetir até você se convencer).
- Sandálias franciscanas com roupa social.
- Sapato social com meia branca.
- Gravatas ou camisetas com animais e personagens infantis em geral, bandeiras, etc. Você está se candidatando para brincar ou para trabalhar sério?
- Telefone celular ou qualquer outro apetrecho pendurado no cinto.
- Perfume doce e forte. Durante o dia, use colônias frescas e secas; para a noite, prefira perfumes secos e usados de forma discreta.
- Peças de roupas desbotadas, rasgadas, descosturadas, puídas, amassadas ou que amassem facilmente. Elas deixam você parecendo um desleixado.
- Calças *jeans* rasgadas, peças com brilho ou muito apertadas só podem ser usadas em festas em que não haja fotógrafos.
- *Jeans* muito claros, customizados ou de corte que não o reto.

- Estampas muito marcantes. Você corre o risco de sua imagem ficar associada a elas.
- Calças ou blusas de moletom. Essas peças dão a impressão de que você estava em casa sem fazer nada, quando na verdade você quer mostrar que está pronto para trabalhar.
- Camisetas furadas e com mensagens em outra língua.
- Bermuda e tênis com meias que terminam no meio da canela (use meias rasas).
- Meia e tênis na praia.
- Gravata com camisa de manga curta. Apesar de os norte-americanos adorarem, no Brasil essa combinação NUNCA deve ser usada!

Além disso, evite:

- Unhas malcuidadas, que demonstram falta de higiene. O importante é mantê-las bem cortadas e limpas, mas, se preferir, peça à manicure que aplique nelas uma base fosca.
- Barba por fazer e cabelo por cortar. Todo mundo admira pessoas bem cuidadas.
- Pelos saindo do nariz e das orelhas. Se você se esqueceu de cortá-los, nada de ficar arrancando esses "rebeldes" em público!
- Cravos no rosto. É aconselhável fazer uma limpeza de pele ao menos uma vez por mês.
- Monocelhas (sobrancelhas unidas no meio do rosto). Não reclame, não pragueje, separe-as com pinça ou outro método: você não vai se arrepender.

OUTROS HÁBITOS QUE FAZEM A DIFERENÇA NO DIA A DIA

- O asseio pessoal é importante em todos os momentos da vida, mas fundamental quando você se torna uma figura pública. Depois de um bom banho, use desodorante. Se transpirar muito, lave a área para retirar o suor e reaplique-o. As pessoas ao seu redor agradecem.
- A saúde começa pela boca. Nada mais desagradável do que falar com alguém que tem mau hálito. Se o seu é recorrente, além de escovar bem os dentes, faça uma visita ao dentista ou ao gastroenterologista para tratá-lo.
- Seu cabelo deve estar sempre limpo, bem cortado e penteado. Cuide da caspa. Hoje existem bons produtos que resolvem o problema ou pelo menos o amenizam. Também é indicada uma visita ao dermatologista nos casos mais graves.
- Sua barba deve estar sempre muito benfeita. Nada melhor do que um rosto "limpo" para ajudar a transmitir credibilidade. Com isso, as chances de você construir a imagem de bom moço são bem maiores. Se usar barba ou bigode, mantenha-os bem aparados.

MAQUIAGEM MASCULINA

A cara dos homens ao ouvir que precisam ser maquiados deve ser mais ou menos parecida com a que eles fazem ao saberem que vão lhes examinar a próstata. Entretanto, todos precisam de maquiagem, principalmente para gravações na televisão e fotografias.

Esse temor provavelmente vem da falsa ideia de que perderão a virilidade assim que o pincel lhes tocar o rosto. "Puro preconceito, que precisa ser eliminado de vez", explica a *personal make-up* Marcely Tobias, que trabalha há mais de vinte anos com centenas de políticos, artistas e empresários. Os homens devem saber também que no mercado já existem linhas de maquiagem só para eles.

Quem viu o documentário *Entreatos*,[2] de João Moreira Salles, que revela os bastidores da campanha de Lula, deve ter notado que o ex-presidente está sempre acompanhado de uma maquiadora: é Marcely. Ela conta que, no início, as exclamações são sempre as

---

2 João Moreira Salles (dir.), *Entreatos*, Brasil: 2004.

mesmas: "Meu Deus! Nunca fui maquiado"; "Isso sai depois?".

Segundo Marcely, quando a maquiagem é finalizada, todos – sem exceção – ficam satisfeitos com o resultado. Ela ressalta ainda que a maquiagem masculina disfarça olheiras, manchas, acnes, espinhas, o brilho da pele oleosa, marcas e cicatrizes.

COMO MAQUIAR UM HOMEM

Os produtos básicos indicados por Marcely Tobias são: corretivo, base, protetor solar (já existem no mercado alguns com função dupla, de protetor e de base), protetor labial (ele evita queimaduras provocadas pelo ar-condicionado e pelo sol) e pó compacto para tirar o brilho da pele.

Tobias ressalta que a maquiagem deve ser estendida para a área do pescoço:

> Antes da maquiagem, devemos observar a barba, sobrancelhas desalinhadas e pelos no nariz e nas orelhas. Depois é só aplicar a maquiagem e ver o bom resultado, que sempre acontece. Costumo brincar com eles que vou tirar aquele brilho e o ar de cansaço, mas depois devolvo tudo. Muitos nem querem tirar a maquiagem depois. Afinal, o que buscamos é um resultado natural e imperceptível.

PASSO A PASSO DA MAQUIAGEM MASCULINA

- Passe um adstringente com algodão ou esponja no rosto e no pescoço, principalmente no nariz e na testa, para tirar a oleosidade.
- Cubra imperfeições, como olheiras, manchas e marcas, com corretivo.
- Espalhe a base para dar uniformidade. Para não deixar o rosto de uma cor e o pescoço e as orelhas de outra, é importante não se esquecer de passar a base também nessas áreas.
- Usando uma esponja ou uma escovinha, tire o excesso de base da barba.
- Aplique o pó compacto.
- Passe o hidrante labial.

TRABALHANDO AS CARACTERÍSTICAS FÍSICAS A SEU FAVOR

HOMENS DE BAIXA ESTATURA

Luís XIV, o Rei Sol, lançou moda em seu tempo: devido à baixa estatura, o rei da França usava sapatos de salto decorados com miniaturas de batalhas famosas ou cenas idílicas.

Você não precisa chegar a tamanho requinte. Alguns truques podem ajudar a alongar a sua silhueta:

- Abuse de roupas com linhas e recortes verticais, como risca de giz, calças com vincos, camisas de listras finas e sem muito contraste, blazers acinturados (que devem ser sempre usados abertos).
- Evite camisetas polo com linhas horizontais, barra italiana (aquela com dobra para fora) e cintos de cores muito diferentes das calças.
- Escolha calças e camisas de tons próximos, ou seja, sem muito contraste entre si. Dessa forma, você evitará uma linha horizontal bem no centro do corpo, que o cortará ao meio. Se decidir, por exemplo, usar calça preta e camisa branca, seu corpo ficará dividido em dois "blocos",

e essa divisão vai deixá-lo ainda mais baixo. O ideal é usar as duas peças do mesmo tom.

- Essa dica também vale para sapatos e calças. Se você não quiser aparentar ter pernas mais curtas e, consequentemente, ser mais baixo, use calças e sapatos do mesmo tom ou de tons bem próximos. Dessa forma, suas pernas vão parecer mais longas.
- E, por falar em cores, evite usar ternos, costumes e blazers muito escuros, pois eles diminuem a área visual e podem deixá-lo ainda menor. Opte sempre por tons médios a claros.
- Use paletós e blazers com dois ou três botões, que ficam mais proporcionais em homens de baixa estatura. Apenas homens altos (com mais de 1,85 m de altura) podem usar modelos de quatro botões, que ficam harmoniosamente espalhados ao longo do tronco. Um homem baixinho corre o risco de parecer sufocado com tantos botões.
- As estampas e padronagens devem ser de pequenas a médias, tanto nas gravatas e calças, quanto nos costumes, ternos e paletós. Calças com um xadrez muito grande podem fazê-lo parecer mais baixo ainda.
- Tome cuidado para que as peças usadas na parte superior do corpo não o deixem com as pernas curtas. Camisetas e camisas usadas por fora da calça devem terminar na altura do ossinho do quadril. A regra vale também para casacos, blazers e paletós. Sobretudos e casacos na altu-

ra dos joelhos ou abaixo deles não são os mais recomendados para homens baixinhos.

- Bermudas com comprimento acima dos joelhos mostram mais perna e ajudam a alongar o corpo. Modelos mais compridos podem fazê-lo parecer desleixado e deixá-lo com jeito de adolescente.

HOMENS MUITO MAGROS E ALTOS

Homens com essa compleição física atraem a atenção das pessoas naturalmente. Como tudo na vida, isso tem um lado positivo e outro negativo: ao entrarem em um ambiente, eles serão sempre o centro das atenções. Por isso, qualquer deslize ficará em evidência.

Veja a seguir algumas dicas para que você chame a atenção do jeito certo:

- Vista sempre peças bem ajustadas ao corpo, para que você não fique parecendo um mancebo. As peças *slim fit* não são uma boa opção para os homens muito magros, pois podem colocar em evidência essa característica, quando o que queremos é um visual equilibrado e proporcional.
- Use peças com linhas e recortes horizontais, como cintos cuja cor contraste com a calça e camisetas polo com listras horizontais.
- Evite peças com listras e recortes verticais, como vincos e padronagens risca de giz. Isso inclui os paletós de quatro botões – a fileira de botões forma uma linha vertical bem no meio do corpo, provocando efeito alongador e emagrecedor.

- Abuse do contraste de cores entre as calças, camisas e camisetas. Camisas brancas com ternos ou costumes escuros, por exemplo, funcionam muito bem.
- Prefira estampas e padronagens de tamanho médio a grande para gravatas, costumes, calças, ternos e blazers. Mas atenção: se você for muito magro, deve optar pelas estampas e padronagens medianas, pois as maiores o farão parecer ainda mais magro.
- As calças não podem ser muito justas. Para disfarçar pernas finas, elas devem ter corte reto e caimento suave.
- Os melhores tecidos para quem quer disfarçar a magreza são os mais estruturados ou encorpados, de preferência em tons mais claros, que aumentam a área visual.

HOMENS COM SOBREPESO

- Invista em linhas verticais sem muito contraste: camisas listradas, calças e paletós risca de giz, pespontos, fileiras de botões, blazers, jaquetas e paletós (usados abertos). Atenção: as jaquetas não devem ter elástico na cintura.
- Não use peças de tamanho maior na ilusão de que elas o deixarão mais magro. Na verdade, o efeito é justamente o contrário: você pode ficar parecendo um saco de batatas! Peças mais justas também não o farão parecer menor, pois

evidenciarão todos os excessos. Tudo deve ser na medida exata. Se você não gosta disso, outra opção é perder uns quilinhos.

- Use tons escuros e crie pouco contraste entre as peças para diminuir a sua área visual. Tons próximos ajudam a criar um efeito visual de continuidade, fazendo-o parecer mais alto e mais magro.
- Prefira calças de cintura e barras na altura certa. Se a sua barriga aumentar de tamanho, use calças cujas medidas acompanhem esse crescimento. Não há nada pior do que tentar disfarçar o excesso abdominal usando uma calça de cintura alta e barras curtas.
- Use peças de tecidos bem fluidos e finos, como o oxfordine[3] e outras fibras que não agreguem volume ao corpo. Evite tecidos impermeáveis, que são mais estruturados e brilham, aumentando a área visual.
- Opte por camisas de algodão 100%, calças e paletós de lã fria. O sobrepeso faz a transpiração aumentar, por isso, com esses tecidos, as chances de chegar "inteiro" ao final do dia são maiores.
- Jamais use a camisa para fora da calça achando que esse truque vai disfarçar a barriga. Ao contrário: você parecerá maior, criando o "efeito barraca".

---

3 Variação do tecido Oxford, leve e de algodão bem fino, usada em camisaria.

- Use paletós levemente acinturados e com duas aberturas traseiras. Eles lhe proporcionarão maior mobilidade e conforto, além de terem um caimento melhor.
- Escolha gravatas de cores e padronagens neutras, para não chamar a atenção para o meio do corpo, que é exatamente onde está o volume excessivo.

O importante é valorizar sempre os seus pontos fortes. Temos que parar com essa ideia de que a elegância é uma questão de tamanho! Ela é diversidade e estilo.

MAIS ALGUMAS DICAS

- Se você tem pernas muito longas em relação ao tronco, precisa criar um equilíbrio. Para isso, use calça de cintura mais baixa acompanhada de camisas ou camisetas, paletós ou casacos mais compridos. Quando possível, opte por sapatos de tons contrastantes em relação à cor das calças.
- Se o seu pescoço é fino e comprido, opte por camisas com colarinhos mais largos e abertos, do tipo italiano. Nesse caso, use gravatas com nó duplo.
- Caso o seu visual seja formal, não tente inovar demais, ou você correrá o risco de perder a credibilidade.

FORMATOS DE CORPO

Outra maneira de realçar os pontos positivos e minimizar os pontos negativos é identificar o formato do seu corpo e trabalhar de acordo com suas proporções. Para fazer isso, vá para a frente do espelho e seja honesto consigo mesmo: como são os seus ombros em relação aos quadris? E a sua cintura, é larga, bem marcada ou inexistente?

Com essas perguntas respondidas, você conseguirá definir o seu biótipo e trabalhá-lo da melhor forma possível.

Veja a seguir os formatos de corpo mais comuns:

TRIÂNGULO INVERTIDO EQUILIBRADO

É considerado o ideal masculino. Nesse biótipo, os ombros são naturalmente mais largos que os quadris e a cintura é bem definida.

Esse formato de corpo deve ser vestido de modo que mantenha a harmonia natural. Portanto:

- Use peças levemente ajustadas.
- Vista sempre camisas e camisetas por dentro das calças.
- Use cinto para destacar ainda mais a cintura.

TRIÂNGULO INVERTIDO EXAGERADO

Nesse biótipo, os ombros são bem mais largos do que os quadris, geralmente devido à musculação.

Ao vestir esse formato de corpo, devemos ter em mente que precisamos equilibrar a largura dos ombros para que ela fique mais natural e mais próxima do formato ideal. Assim:

- Use cores mais escuras na parte superior do corpo. Isso vai diminuir a área visual do tronco.
- Use peças que chamem a atenção para o meio do corpo, como golas em V, gravatas coloridas, camisetas polo e coletes. Em cores escuras, essas peças vão reduzir bastante a largura dos seus ombros.
- Escolha calças mais claras e com detalhes abaixo da cintura, como pregas e bolsos. Assim você aumenta a área visual dos quadris. As pernas das calças devem ser soltas e retas.
- Use camisas e camisetas sempre por dentro da calça. Assim você valoriza o seu tipo físico, fica mais arrumado e elegante.

RETÂNGULO

Esse biótipo não tem cintura definida. Seus ombros, sua cintura e seus quadris são alinhados, isto é, têm mais ou menos a mesma medida.

Homens com esse formato de corpo precisam diminuir visualmente a cintura e aumentar levemente os ombros. Por isso:

- Use peças que mantenham o foco na região dos ombros com detalhes, estampas, listras horizontais, ombreiras, colarinhos, golas e lapelas maiores.
- Opte por peças mais claras na parte de cima, para aumentar a área visual e criar a impressão de ombros mais largos.

- Use calças de cintura mais baixa e ligeiramente afuniladas e/ou com pregas discretas.
- Escolha blazers e casacos levemente acinturados e use-os abertos.
- Use camisas levemente acinturadas.

TRIÂNGULO

O biótipo triângulo também é chamado de "pera". Seus ombros são mais estreitos que seus quadris, geralmente arredondados. Esse tipo costuma engordar mais nas pernas e no bumbum.

Ao contrário do triângulo invertido exagerado, nesse caso o intuito é diminuir visualmente os quadris e alargar os ombros. Portanto:

- Sempre chame mais atenção para o seu torso usando camisas, camisetas, blazers e jaquetas em tons mais claros do que as calças e as bermudas. Também na parte de cima, use linhas horizontais, estampas e ombreiras.
- Calças e bermudas não devem ter nenhum detalhe, como pregas e bolsos grandes. Além disso, devem ser de cintura média (na altura do umbigo ou um dedo abaixo dele). Opte sempre pelo corte reto. Tenha cuidado para que, ao andar, seus bolsos não se abram constantemente, pois isso aumenta os quadris.
- Escolha sempre cintos em tons próximos aos das calças e bermudas, para não chamar atenção para os quadris.

- Use camisas e camisetas sempre por dentro das calças e bermudas.

OVAL

Nesse biótipo, a região da cintura é arredondada e mais larga que o restante do corpo. Seus quadris são estreitos. Os ombros, além de estreitos, são caídos. Esse tipo é conhecido como "diamante".

O objetivo, nesse caso, é diminuir a barriga e criar cintura para afinar e dar proporção à silhueta. Assim:

- Opte por tons médios a escuros. Não contraste muito as cores usadas na parte de cima e na de baixo.
- Certifique-se de que as costuras dos ombros das camisas e camisetas estejam no lugar. Se elas ficarem muito além da linha dos ombros, darão a impressão de estarem "caídas". Quando isso acontece, a barriga aumenta e os ombros diminuem.
- Dê preferência a tecidos bem leves e fluidos, assim como a peças simples, sem muitos detalhes, para não agregar volume ao corpo.
- Evite estampas (não importa o tipo) na região abdominal.
- Use sempre calças de corte reto e com a cintura no lugar. Lembre-se: sua barriga não deve ficar "pendurada" no cós da calça.
- Camisas e camisetas ajustadas devem ser sempre usadas por dentro da calça.

- Quando possível, use casacos, jaquetas, blazers e paletós abertos. Assim você criará duas linhas verticais que, visualmente, diminuirão a barriga.

O DUQUE DE WINDSOR PASSA EM REVISTA UM ESQUADRÃO SS, EM BERLIM, 1937

Ele era rei da Inglaterra. Eduardo VIII abdicou ao trono para poder se casar com a norte-americana divorciada Wallis Simpson. Segundo alguns historiadores, a verdade é que o rei inglês não gostava de suas obrigações, mas certamente o enfoque romântico é bem mais interessante.

Depois de abdicar, Eduardo recebeu o título de duque de Windsor e também, em caráter extraoficial, o título de "homem mais elegante do mundo". O duque lançou tendências que sobrevivem até hoje, como o nó de gravata que leva seu nome. De outro lado, teria cometido um dos maiores erros de julgamento da história.

Durante a Segunda Guerra Mundial, o governo britânico manteve Eduardo sob discreta vigilância, por considerá-lo simpatizante da Alemanha nazista. A simpatia teria ficado evidente em 1937, durante a visita que os Windsor fizeram a Berlim, ocasião em que foram recepcionados por Adolf Hitler em pessoa, com pompa e circunstância.

Para afastá-lo da Europa e de uma possível amizade com os nazistas, nomearam Eduardo governador das Bahamas. Ele, é claro, ficou furioso, por considerar as Bahamas uma "colônia de terceira classe". Anos mais tarde, o duque admitiu, em suas memórias, que tinha certa admiração pelos alemães, mas negou qualquer envolvimento com os nazistas.
O duque de Windsor pode ter cometido um erro de julgamento, mas sempre acertava qual traje vestir em um evento social.

TRAJES ESPECÍFICOS

Ninguém deseja correr o risco de estar arrumado demais ou – o que é pior – de menos para um evento. Quando recebe um convite e vê o traje que foi especificado, você sabe como deve ir vestido? Então veja as dicas a seguir.

ESPORTE

Use em batizados, almoços, exposições, churrascos e outros eventos informais.

No verão, você deve optar por:

- Tecidos arejados, como algodão e linho.
- Calças de brim ou gabardine nos tons de cáqui.
- Calças *jeans*.
- Camiseta polo.
- Camisa de manga curta xadrez ou listrada (sempre discreta, é claro!).
- Mocassim esportivo café, dock sider ou tênis.
- Cinto de lona ou de couro café (modelo bem esportivo).

No inverno, escolha:

- Tecidos mais pesados, como veludo, camurça, lã e malhas.
- Calça de veludo ou *jeans* mais escuro.
- Camisa de *chambray*[4] ou flanela.
- Suéter, cardigã, jaqueta ou *parka* mais esportiva.
- Cinto de couro café mais informal.

---

[4] O *chambray* é composto de uma mescla de fios de algodão branco e índigo.

- Mocassim esportivo ou bota (abotinado) de camurça.

PASSEIO, ESPORTE FINO OU *TENUE DE VILLE*

Use para ir a *vernissages*, almoços, jantares, conferências, teatros e a outros eventos ligeiramente formais. Nesse caso, é o horário do evento que vai determinar a sua produção.

Até as 18 horas são admitidos:

- Blazer com calças esportivas (*jeans*, *chino*, veludo), com ou sem gravata.
- Costume de cor mais clara, nos diversos tons de cinza e bege, com gravata.
- Mocassim café ou preto e cinto combinando.

Após as 18 horas, é recomendável usar um costume de tom escuro, como marinho, grafite ou chumbo.

PASSEIO COMPLETO OU SOCIAL

Use para frequentar jantares, coquetéis, óperas, formaturas e grandes comemorações formais. Essa produção pede peças e acessórios mais requintados, como:

- Costume ou terno escuro (menos o do dia a dia).
- Sapatos mais formais.
- Cinto de couro combinando com os sapatos.
- Camisa formal (lembre-se da opção de punhos caseados para abotoaduras).
- Gravata de seda.
- Relógio fino.

BLACK-TIE, RIGOR, GALA, *TENUE DE SOIRÉE* OU *HABILLÉE*

No Brasil não é muito comum ver essa especificação num convite para um evento. Contudo, se um dia você receber um convite em que esse tipo de traje esteja indicado, saiba que não tem escapatória: *smoking* é traje obrigatório!

E nem pense em personalizar o *smoking*! A faixa e a gravata-borboleta devem ser sempre pretas. Camisa de babados, além de brega, é proibida. O máximo que você pode fazer para não ficar igual aos demais homens da festa é usar um *summer* (paletó branco).

É importante ter sempre em mente que:

- A camisa deve ser impecavelmente branca. O modelo mais simples é o de pregas sobre o abotoamento.
- A faixa de cetim é obrigatoriamente preta.
- A calça deve ser preta e com uma tira de cetim aplicada na costura lateral.
- As meias devem ser três quartos, finas, pretas, de seda ou algodão leve.
- Os sapatos devem ser pretos, lisos, o mais sociais possível.

Já que quase todos os homens estarão vestidos da mesma forma, capriche nos detalhes:

- Belas abotoaduras.
- Perfume seco e discreto.
- Relógio social.
- Barba benfeita.
- Cabelo bem cortado e arrumado.

PODEIS ENGANAR TODA A GENTE DURANTE UM CERTO TEMPO; PODEIS MESMO ENGANAR ALGUMAS PESSOAS TODO O TEMPO; MAS NÃO VOS SERÁ POSSÍVEL ENGANAR SEMPRE TODA A GENTE.

Abraham Lincoln (1809-1865), ex-presidente dos Estados Unidos

QUANDO A IMPRENSA NÃO FALA, O POVO É QUE NÃO FALA. NÃO SE CALA A IMPRENSA. CALA-SE O POVO.

William Blake (1757-1827), poeta e pintor

PARA TODOS

VOCÊ E A IMPRENSA

TENHO MAIS MEDO DE TRÊS JORNAIS DO QUE DE CEM BAIONETAS.

A frase acima é atribuída ao imperador Napoleão Bonaparte, que, para acabar com qualquer tipo de oposição na França, adotou como tática censurar fortemente a imprensa. A artimanha deu certo por algum tempo, mas, como em qualquer país onde reine a tirania da censura, estava fadada ao fracasso.

Mesmo sendo a favor da liberdade de expressão, não sejamos ingênuos. Não pense que a imprensa vai noticiar apenas as suas glórias – "De boas intenções o inferno está cheio", diz o ditado. Os repórteres estão sempre ávidos por notícias "quentes", e as negativas são as que costumam dar mais ibope. Portanto, se você quiser se destacar por seus pontos positivos, terá de fazer ou falar algo fora do comum.

Entretanto, esse não é um privilégio do Brasil. Tabloides de países do Primeiro Mundo estão sempre sedentos de escândalos e declarações infelizes, que o universo político provê fartamente. Respeitando o regionalismo, um candidato político, por exemplo, a vereador de uma pequena cidade nos rincões do Brasil, pode bem ser amigo da grande maioria da imprensa local, mas lembre-se de que a situação pode mudar. É impossível garantir o seu sucesso com a imprensa. Contudo, podemos fornecer a você algumas informações úteis.

NOTÍCIA

A notícia tem uma estrutura quase fixa, dividindo-se em três partes: manchete, *lead* e corpo.

- As manchetes identificam e classificam as notícias. Muitas vezes são exageradas justamente para despertar a atenção do leitor. Geralmente vêm acompanhadas de um subtítulo, chamado de "olho" no meio jornalístico. Não é raro o leitor se interessar pela manchete e, ao ler a matéria, constatar que houve certo exagero.
- O *lead* (ou "cabeça" da notícia) é o parágrafo inicial que resume os dados essenciais da notícia. Ele segue um esquema de perguntas primordial no jornalismo: O quê? Quem? Quando? Onde? Como? Por quê?. Tem dupla função: captar a essência da notícia e, ao mesmo tempo, prender a atenção do leitor. Ao ler o *lead*, o leitor encontrará a essência da notícia, embora isso nem sempre aconteça no início (muitas vezes o *lead* está no final dela). Por isso é importante você saber identificá-lo.
- No corpo da notícia, os dados apresentam-se em ordem decrescente de importância. Por isso é sempre bom ler a matéria toda para ter certeza de que não perdeu nada.

ASSESSORIA DE IMPRENSA

Seu assessor de imprensa, função desempenhada por um jornalista, é a pessoa responsável por fazer contato com a imprensa e tentar colocá-lo na mídia de modo satisfatório. Não se iluda, porém. Por melhor que seja o profissional, ele não faz milagres: se você não tiver conteúdo, boas propostas e algo importante a dizer, não despertará o interesse de nenhum veículo.

O trabalho do assessor de imprensa é servir de ponte entre você e a mídia. Por isso, ele deve ter bom "trânsito" em todos os veículos de comunicação. Isso já é um bom passo. Como você não terá muito tempo para ler os jornais, ouvir e ver os principais noticiários, ele deverá incumbir-se dessas tarefas para depois passar a você as principais informações.

EM *OFF*

Off é um termo usado no meio jornalístico para indicar que você deseja dar uma informação, mas não autoriza a divulgação de seu nome: você diz o que pretende "em *off*".

Em geral, os repórteres sabem que esse tipo de depoimento dá uma boa matéria. Entretanto, você deve ter em mente que, na política, o inimigo de hoje pode ser o maior aliado de amanhã. Então, por via das dúvidas, é melhor não ter o nome vinculado a um escândalo ou a declarações duvidosas. Para isso a confiança no jornalista em questão deve ser grande, e você é quem vai analisar todo o risco e saber que a informação "em *off*" pode não ser respeitada. O jornalista sério tem o dever de manter o sigilo da fonte, mas isso nem sempre acontece.

FOTOGRAFIA

Hoje, com o advento da tecnologia, o risco de ser pego em uma situação constrangedora é cada vez maior. E com o agravante de o documento ir parar na internet em poucos segundos, para o deleite de seus adversários.

Assim, quando perceber que será clicado, olhe imediatamente para trás para ver qual fundo vai aparecer, quem está ao seu lado, etc. Acredite: essa atitude pode evitar muita dor de cabeça.

Até mesmo fotos antigas podem ser comprometedoras. É o caso de Barack Obama, atual presidente dos Estados Unidos da América, que foi clicado fumando. Para justificar o flagrante, ele usou uma das armas mais eficazes: foi sincero, admitindo que, na adolescência, envolveu-se com maconha, cocaína, álcool e cigarro.

O presidente dos Estados Unidos, Barack Obama, fumando na adolescência.

TELEVISÃO

A legislação brasileira coloca à disposição do candidato, gratuitamente, o mais poderoso recurso de comunicação existente. O custo comercial desse recurso em relação ao tempo seria proibitivo para a maioria das pessoas. Por isso, aproveite ao máximo essa oportunidade e, mesmo que tenha apenas 30 segundos para passar a sua mensagem, faça-o da melhor maneira possível.

A jornalista Mariana Arantes, especialista em comunicação e marketing, dá outras dicas:

> É importante aprender a falar com a maior naturalidade possível. Todo mundo nota quando o candidato aparece na televisão com a fala travada e lendo o *teleprompter*.[5] O TP é um recurso técnico que deve ajudar, e não atrapalhar o candidato. Antes da gravação, além de ter o texto o mais assimilado possível, é recomendável que ele treine a leitura com essa ferramenta. Dessa forma não vai parecer despreparado e inseguro diante dos eleitores. Falar é exercer poder. Usamos o que os outros têm de mais precioso: o tempo. Por isso, comunicação eficiente é muito mais do que simplesmente reunir palavras. A aparência pode até enganar, mas chega primeiro. É preciso estar muito atento à linguagem corporal e também ao vestuário. O político precisa saber passar simpatia e ganhar confiança, não errando na linguagem não verbal, fator essencial na televisão.

---

5 Equipamento acoplado às filmadoras que exibe o texto a ser lido.

RÁDIO

Embora muitas vezes subestimado, o rádio continua sendo um veículo superpoderoso em campanhas políticas. Uma das perguntas mais frequentes é "Como falar no rádio?". Veja as dicas a seguir:

- Intercale os tons em vez de falar sem parar. Assim você não deixará ninguém com sono.
- Não faça muitas pausas, ou seja, mantenha um ritmo contínuo (claro que você pode parar para respirar!).
- Tenha em mente que o discurso no rádio é sempre um bate-papo com o ouvinte. Geralmente, no caso dos políticos, são avaliados o tom de voz, a dicção e a forma como as palavras são empregadas.
- Lembre-se de que na TV podem ser usadas legendas, mas, no rádio, se o ouvinte não escutar o que foi dito, seu esforço terá sido em vão.
- Não precisa gritar. Preocupe-se em ser claro, objetivo, agradável e passar a sua mensagem.

A jornalista Mariana Arantes dá algumas dicas de como se sair bem ao falar no rádio, seja em entrevista, seja no horário eleitoral:

> A mensagem transmitida pela voz é emocional. Ainda que detenhamos um grande domínio do assunto, podemos passar insegurança, dependendo de como utilizamos a nossa voz. O profissional indicado para tratar a voz é o fonoaudiólogo, que vai identificar as necessidades de cada um. Mas, de maneira geral, devemos evitar:

- Fumar. A fumaça agride as pregas vocais, provoca irritação, pigarro e tosse, que ficam muito mais evidentes no rádio.
- Beber. O álcool pode prejudicar a voz, porque anestesia as pregas vocais.
- Ar condicionado. A umidade do ar diminui e, com isso, resseca a garganta e a laringe, danificando as pregas vocais.
- Forçar a voz sem necessidade.
- Ansiedade e tensão. Controle-se.
- Excessos noturnos. É bom tomar cuidado com os comícios nas noites anteriores às das gravações.

Para o candidato que fala muito depressa e de forma atropelada, engolindo as sílabas, uma boa dica é treinar a leitura do texto com um lápis ou o dedo na boca. Esse exercício exige mais articulação e melhora a dicção. Para passar uma mensagem de forma correta e principalmente para que seus interlocutores se lembrem dela ao máximo, o comunicador deve transmitir emoção ao falar. A emoção e o entusiasmo ajudam, inclusive, a fazer com que pequenos erros passem despercebidos. A ênfase nas palavras certas pode determinar o sucesso da apresentação.

INTERNET

Nem é preciso dizer que a internet mudou o mundo e que foi uma das maiores inovações da história contemporânea.

A rede mundial barateou o custo da comunicação, democratizou e tornou as pessoas mais próximas.

A importância é tanta que o Conselho da Organização das Nações Unidas para os Direitos Humanos divulgou, em 2011, um relatório classificando o acesso à internet como um direito, e o ato de desconectar pessoas como uma *violação aos direitos humanos e uma afronta às leis internacionais*.

De acordo com a ONU, 2,08 bilhões de pessoas tinham acesso à internet no mundo em 2010. Esse número deve ter subido bastante desde então, principalmente por causa da crescente venda dos smartphones, com conexão 3G.

Diante de tudo isso, nem sonhe em ficar fora da rede mundial. Reconhecer isso é fácil. Complicado é saber como usar com eficiência as várias opções dentro da internet e ainda se destacar em meio a tanta informação. O candidato deve ter um *site*? Um *blog*? Participar das redes sociais? Vejamos:

SITE

Se tiver um *design* competente, o *site* pode ser uma boa ferramenta para apresentar as informações do candidato. Sua página oficial servirá de apoio aos eleitores, que, muito mais antenados do que no passado, têm buscado informações sobre a vida política e as ações do candidato antes de votar. Tire da cabeça a ideia de montar um *site* cheio de animações e que não funcione direito.

Dicas para a construção de um *site* competente para a campanha:

- O *site* deve ser institucional, e não "artístico". Portanto, seu *design* deve ser simples mas eficiente, com boa arquitetura de informação, ou seja, deve ser fácil encontrar informações nele.

- Certifique-se de que ele vai funcionar em todos os *browsers* (navegadores) para não correr o risco de "morrer na praia". Diga ao web designer que ele precisa ser visualizado corretamente nos principais navegadores (Internet Explorer, Firefox, Ópera, Safari, Chrome, etc.).
- O *site* precisa ser acessível também a cegos, portadores de visão subnormal, daltônicos, pessoas com deficiência auditiva, pessoas com pouca ou nenhuma destreza manual. É politicamente correto, além de perfeitamente viável, atender a todos.
- Também é importante pedir ao web designer que otimize e use *tags* (palavras-chave) corretas e pertinentes para que você seja rapidamente encontrado nos *sites* de busca (quem trabalha com intenet sabe como isso funciona).
- O *site* deve ter um espaço para que o internauta se cadastre e receba sua *newsletter*. Com isso você sempre será lembrado.
- Peça também que o programador construa o *site* de modo que ele possa ser visto em qualquer dispositivo móvel (celulares, *tablets*, etc.), obedecendo aos padrões da W3C.[6]

---

6 O W3C (Consórcio World Wide Web) é uma comunidade internacional que desenvolve padrões com o objetivo de garantir o crescimento da web. Sua missão é conduzir a web ao seu potencial máximo.

BLOG

O *blog* é mais simples e não precisa ser criado por um programador. Os servidores de *blogs* possuem diversos *templates* (modelos), que podem ser escolhidos de acordo com o gosto do usuário. O único problema é que neles os *posts* (artigos) ficam "empilhados", o que atrapalha um pouco a visualização, diferentemente do que ocorre num *site*, cuja arquitetura é mais bem elaborada.

DO QUE UM CANDIDATO PRECISA: DE UM *SITE* OU DE UM *BLOG*?

Talvez a solução seja ter os dois, mas trabalhar bem – e a seu favor – a diferença entre eles. Se você não entendeu nada do que dissemos sobre eles, não se preocupe. Basta lembrar-se de que seu *site* deve ser visualizado perfeitamente em todos os navegadores e ter acessibilidade. Você deve se preocupar apenas em veicular um conteúdo consistente, que possibilite aos eleitores uma leitura agradável, e em divulgar bem o seu número.

Não é raro os pretendentes a cargos políticos darem mais atenção a fotos, ao nome, ao programa de governo e deixarem o principal, que é o número do candidato, em segundo plano. Não cometa esse erro! Dê ênfase ao número, que é o que interessa na cabine de votação. Disponibilize no *site* ou no *blog* "colas" prontas para o eleitor imprimir. Se puder apresentar um vídeo com a simulação do voto, melhor ainda.

REDES SOCIAIS

Preste muita atenção: o que o leitor busca nas redes sociais é interação, diálogo, relacionamento, e não discurso e propaganda política. Nelas, o internauta tem voz e deve sempre receber uma resposta. Ou seja, interagir é lei. Se você não pretende participar ativamente, nem adianta entrar.

A linguagem em cada uma das redes também é específica. Se você não souber qual usar, melhor não se aventurar. Atualizar os *posts* constantemente é um princípio básico, não tem como fugir. Tenha muito cuidado ao postar imagens: não disponibilize fotos comprometedoras (em que você apareça fumando, bebendo, com roupas íntimas, etc.). Tem-se falado muito em "humanizar" os *posts*, isto é, além de discorrer sobre política, falar de coisas pessoais: livros que leu, filmes preferidos, opiniões sobre determinado assunto. Assim, pode-se criar mais familiaridade e empatia com o internauta.

Há várias opções de redes sociais. As principais são: Orkut, Facebook e Twitter. Mas esse cenário pode mudar num piscar de olhos, dada a velocidade com que nascem novas opções todos os dia.

ENTENDA A DIFERENÇA ENTRE AS REDES

Tanto no Orkut como no Facebook você cria um perfil, seleciona uma rede de amigos, participa de comunidades (as possibilidades são infinitas), pode adicionar fotos e vídeos, e fica sabendo das alterações feitas nas páginas dos amigos de sua rede. Um pode oferecer mais aplicativos que outro, mas no geral eles são parecidos. A sua escolha vai depender do seu gosto e do seu propósito.

Atenção para os perfis falsos. Assegure-se de que o perfil da pessoa que você convidou para sua rede de amizades é mesmo dela. Vale a dica para pessoas que o convidarem para fazer parte da rede de amizades delas. Nas redes sociais também existem pessoas mal-intencionadas, portanto muito cuidado ao clicar em *links* de fontes duvidosas.

TWITTER

No Twitter você terá seguidores e poderá seguir outras pessoas, sem permissão prévia. Esse *microblog* pode transformar uma celebridade em alguém próximo, de fácil acesso. Por outro lado, pode fazer com que pessoas simples se tornem celebridades, com milhares de seguidores e admiradores.

O Twitter virou uma febre tão grande que a jornalista Verônica Garcia Rocha o escolheu como tema de sua tese de pós-graduação. Ela lembra que o *microblog* foi criado em março de 2006 e, inicialmente, era usado por amigos para trocar informações banais, como: "O que você está fazendo?"; "Vamos sair hoje?", etc.

Foi a partir de 2009 que o Twitter virou mania e passou a ser conhecido como "trem-bala", ou seja, como uma notícia que pode ser propagada com uma rapidez impressionante. Em curto espaço de tempo, ganhou tanta notoriedade que a imprensa passou a usá-lo como fonte fértil de notícias de celebridades e políticos. A revista *Veja*, por exemplo, publicou uma tuitada de Lady Gaga (2011) confirmando sua vinda ao Brasil em 2012: "No ano que vem a Born This Way Ball vai ao Brasil. É muito importante ver meus monstrinhos brasileiros". O jornal *O Estado de S. Paulo* criou até uma seção intitulada "Twittadas da Semana", e um dos *posts* publicados foi o do megaempresário Eike Batista (2011): "Eu só estou começando, não tenho dinheiro parado no banco!".

DICAS DA JORNALISTA VERÔNICA GARCIA

PARA UTILIZAR O TWITTER

» Com 140 caracteres é possível apenas escrever um pequeno *post*. Portanto, as abreviações são bem-vindas.

» O importante é saber que, ao criar um perfil no Twitter, você será questionado, "atacado", cobrado, tratado como igual perante os outros tuiteiros.

» Nunca tuíte um *post* em caixa alta (letras maiúsculas). No mundo virtual é o mesmo que gritar, o que é considerado falta de educação.

» Utilize um nome ou apelido que seja conhecido por todos. Jamais utilize a sigla do seu partido. O nome do seu perfil deverá ser único e jamais modificado.

» Na biografia mostre quem você é fora do mundo político. Coloque dados sobre a sua formação, por exemplo.

» Procure tuitar coisas relevantes. Você pode até apresentar a sua plataforma eleitoral, mas sem exageros, para não se tornar um chato.

» Dê informações sobre a sua agenda e outros eventos importantes. Publique e comente vídeos no YouTube, além de fotos de eventos dos quais você participou.

» Retuíte (dê RT aos *posts*) apenas o que achar relevante, o que você achar interessante compartilhar com os seus seguidores.

» Se os seus assessores ficarem responsáveis por todo o trabalho nessa rede, certifique-se de que você será consultado em assuntos polêmicos.

» Caso não seja você o tuiteiro, divulgue essa informação. Escondê-la não é o melhor caminho; ser transparente é sempre o ideal.

» Muitas vezes você vai se deparar com o símbolo #. É a *hashtags* utilizada para dar ênfase a um assunto, uma palavra ou um termo bastante utilizado, como #SãoPaulo.

» Interaja sempre: mensagens diretas de agradecimento a seus seguidores são de bom-tom.

» Toda sexta-feira é dia de #FF (*Follow Friday*), ou seja, de indicar perfis compatíveis ao seu.

» Se você é um político multimidiático e mantém um *blog*, sempre que postar alguma novidade, publique o *link* em seu *twitter*. A própria ferramenta "encurta" o *link* para possibilitar o *post*. Assim você pode divulgar os dois.

» Aproveite e divulgue em seu *site* ou *blog* o endereço do seu *twitter* (@meunome).

INTERNETÊS: SIGLAS, ABREVIATURAS E NEOLOGISMOS

A necessidade de economizar caracteres para que a comunicação fosse mais rápida fez surgir uma nova linguagem: o "internetês". Ao participar pela primeira vez de fóruns, *chats* e redes sociais, você pode ter a impressão de que ficou louco e desaprendeu a ler, mas depois de algum tempo vai acabar se acostumando.

Vamos dar aqui apenas alguns exemplos do internetês. Afinal, ele muda todo dia e, em questão de segundos, novos termos poderão passar a habitar a sua tela. O importante é estar sempre antenado com a linguagem do mundo virtual.

Ao teclar você deve economizar ao máximo as palavras, para ter mais agilidade. Veja alguns exemplos:

Vamos teclar? (Conversar *on-line*): **VAMOS TC?**

Não: **Ñ, N, NAUM**

Sim: **S, Y**

Por quê?: **PQ?**

Se Faz Favor: **SFF**

Então: **ET**

Beleza: **BLZ**

Aqui: **AKI**

Acho: **AXO** (exatamente assim, escrito errado)

Qualquer: **QLQR, QQ, QQUER**

Mais: **+**

Hoje: **HJ, OG**

Não é?: **NEH, NEAH**

Novidade: **9DADE, NVD, 9DA10**

Vocês: **V6, VCS, 6**

Oi, tudo bem?: **8DO BM, TD BEM?**

Comigo: **CMG**

Por favor: **PF, PLS, PLIS, PLZ**

Firmeza: **FMS, FMZ**

Valeu: **VLW**

Demais: **D+**

Adiciona: **ADD**

Até Mais: **T+, TÉ+**

AFKA: Away from Keyboard (longe do teclado). Exemplo: Ficarei longe do teclado por algum tempo.

BRB: Be Right Back (já volto).

Q: O quê? (em tom de pergunta).

ALOK: Comemoração, coisa legal, boa. Muito usada no Twitter. Exemplo: Já tenho o meu número de candidato #alok.

BRINKS: Brincadeira. Exemplo: Já falei que sou o máximo! (brinks).

BROWSER: É o navegador da internet. Exemplo: Abra seu *browser* e digite www.guiadeestilocandidatos.com.br.

C&P: Copy and Paste (copie e cole). Exemplo: C&P o poema e mande para mim.

COMOFAS: Como é que faz? Exemplo: #comofas para te ver?

DELETAR: Apagar. Exemplo: Cuidado para não deletar seu *e-mail*! Você também verá "Eu deletei ele da minha vida!".

EPICWIN: Epic Win (vitória épica). Exemplo: Foi eleito vereador! #epicwin.

FAIL: Falha, algo errado. Exemplo: Esqueci de ligar para você! #fail.

FDS: Fim de semana.

FF: Follow Friday (recomendação para você seguir alguém na sexta-feira, usada no Twitter).

FIKADICA: Fica a dica. Também poderá ser encontrado como fikadik.

FLW: Falou. Usado como tchau e até.

FTW: For the Win (depois da vitória). Apontar algo muito bom. Exemplo: Após vencer a eleição, viajar é ftw!

FTL: For the Lose, que significa "perda, derrota, algo ruim". Exemplo: Após não ser eleito, as dívidas são ftl.

GOOGAR: Fazer uma pesquisa no *site* de busca Google. Exemplo: Vou googar este tema para você.

LOL: Laughing out Loud, que significa "rindo alto". Exemplo: A piada é mesmo demais! LoL.

OMG: Oh, my God (ai, meu Deus). Exemplo: Vou tentar nova eleição. OMG!

RIP: Rest in Peace (descanse em paz).

TWEETUPS: Encontros, manifestações organizadas pelo Twitter.

TENSO: Sinônimo de tensão mesmo. Exemplo: Amanhã sai o resultado das eleições! #tenso.

TROLLAR: Zombar das pessoas. Exemplo: Fulano não foi eleito. Vou trollar muito com ele!

TWITTAR: Enviar um tweet, na rede social Twitter.

THX ou **TKS**: Obrigado(a).

TTYL: *Talk to you later* (falo com você depois).

UNFOLLOW: Deixar de seguir alguém na rede social. Exemplo: Eu unfollow tal partido!

U2: *You too* (você(s) também).

WOW: Espanto. Exemplo: Wow, você viu quantos votos eu tive?!

XOXO: Um abraço e um beijo.

ATENÇÃO: Em comunicadores instantâneos, fóruns e bate-papos pela internet, os *emotions cards* (também conhecidos como *emoticons*) são bastante utilizados para transmitir emoções. Em algumas redes sociais basta digitar :-) para aparecer um *smiley*, aquela simpática carinha amarela. Você pode escolher a carinha que representa seu estado de humor no momento, em vez de escrever raiva, amor, medo, etc. Entendeu? Não é obrigatório, é só mais um instrumento.

OUTROS TIPOS DE *SITES* DE RELACIONAMENTO

Jamais se entusiasme com as redes sociais a ponto de entrar em *sites* de relacionamento fazendo se passar por outra pessoa. Esse foi o caso do congressista norte-americano Christopher Lee, que em 2011 foi obriga-

do a renunciar ao cargo na Câmara de Representantes dos Estados Unidos após o *site* Gawker ter publicado fotografias nas quais ele aparecia sem camisa.

A imagem foi enviada a uma mulher que ele conheceu no *site* Cragslist, que tem uma seção de relacionamentos. Lee, que era casado e tem um filho, publicou na seção Mulheres Buscando Homens do *site* uma mensagem dizendo ser "um cara em forma, divertido, com classe e solteiro". Resultado: o republicano perdeu o mandato e teve de ir a público se desculpar com seus eleitores.

Algo semelhante ocorreu com o democrata nova-iorquino Anthony D. Weiner, que também foi obrigado a renunciar ao mandato em 2011, depois de ter mantido contatos *on-line* "inapropriados" com seis mulheres.

A foto do perfil de Weiner na internet mostrava um *close* da virilha de um homem usando uma cueca cinza. Primeiro, ele negou que a tivesse postado; depois, disse que sua conta havia sido *hackeada*. Mais tarde, quando surgiu uma segunda imagem – mostrando um peito atlético e depilado –, ele decidiu confessar que as fotos eram mesmo dele. Na época, Weiner estava casado há menos de um ano com Huma Abedin, muçulmana e assistente da então secretária de Estado dos Estados Unidos, Hillary Clinton.

NEWSLETTER

A *newsletter* é um recurso bastante utilizado em campanhas eleitorais: em vez de esperar que o internauta o siga nas redes sociais, você manda pra ele, por *e-mail*, notícias relacionadas a você. Com isso será sempre lembrado.

A especialista em comunicação digital Monica Takeuti explica a melhor maneira de elaborar uma *newsletter*:

> A *newsletter* não pode ser encarada como uma simples mala direta de propaganda. Ela é um boletim informativo, uma forma simples e barata de fazer publicidade. Normalmente com fotos e diagramação mais bem elaborada, a *newsletter* é feita em linguagem HTML e possibilita a quem a recebeu clicar nas notícias e ler o material na íntegra. Podemos dizer que é um tipo de "jornal" com as principais notícias. Cuidado para mandar só para quem se cadastrar – nada de *spam* (abreviação, em inglês, de 'spiced ham', que é uma mensagem eletrônica não solicitada enviada em massa). O *spam*, também conhecido como 'lixo eletrônico', não é politicamente correto, além de ser passível de penalidade. O efeito do *spam* pode ser devastador, além de levar à perda de tempo. Mesmo com as pessoas cadastradas, é obrigatório dar a opção do cancelamento.

Com esses cuidados, resta apenas aproveitar bem o veículo, que pode render bons frutos e criar fortes vínculos com o eleitor. Mas como elaborar uma *newsletter*, já que ela precisa ser feita em HTML, conter fotos e ser publicada na web?

Fale com seu web designer e solicite a confecção da *newsletter*, que deve ter no máximo 12 kb, e figuras e fotos (gif's) localizadas em servidor próprio em vez de anexadas na mensagem. Aí é só acrescentar o texto falando das novidades e enviá-la aos eleitores. O ideal é disparar para os *e-mails* cadastrados, no máximo, duas vezes por semana. A *newsletter* deve ser clara e concisa, visando à boa leitura e ao conforto. Um dado interessante: ao clicar em uma notícia na *newsletter*, o eleitor é automaticamente encaminhado para o seu *site*, onde vai poder ler outras notícias e ver, mais uma vez, o seu número, que certamente será lembrado na cabine de votação.

JAMAIS CONSIDERE UMA ELEIÇÃO GANHA

O código visual na campanha política teve seu ápice na eleição para a presidência dos Estados Unidos da América do Norte, disputada entre John F. Kennedy e Richard Nixon nos anos 1960.

Enquanto os debates aconteciam no rádio, Nixon era o favorito. Quando a televisão começou a mostrar os debatedores, Kennedy virou o jogo. Segundo muitos historiadores, foram o seu visual jovem e as roupas bem escolhidas que ajudaram a torná-lo presidente dos Estados Unidos. Claro que o treinamento, a postura e a escolha minuciosa das palavras também foram fundamentais para a conquista. É a união desses atributos que forma o estilo.

Em 26 de setembro de 1960, dia do primeiro debate televisionado entre presidenciáveis, Nixon fez campanha até algumas horas antes de encontrar Kennedy. Machucou a perna ao descer do carro e irritou-se. Rejeitou a maquiagem para atenuar o suor que caía teimosamente sobre seu rosto. Usou um terno de cor igual à do fundo do cenário. Oitenta milhões de norte-americanos assistiram ao debate. A mãe de Nixon telefonou logo depois para saber se ele estava doente. Aquele debate foi o início de sua derrota.

DICAS PARA ENTREVISTAS E DEBATES NA TELEVISÃO

» Quando for conceder uma entrevista à televisão, tirar fotos para santinhos de campanha ou participar de debates, use maquiagem. Não discuta. Ainda mais hoje, com a tecnologia *high definition*, que deixa tudo mais nítido e detalhado. Sem a maquiagem, vão saltar da tela as olheiras advindas das poucas horas de sono, as rugas, os cravos, as linhas de expressão, sem falar do suor excessivo provocado pelas luzes do estúdio, que o deixarão "lustroso", etc. Com a maquiagem, você não estará enganando o seu eleitorado, apenas minimizando pequenos "defeitos" e parecendo mais saudável. Será uma maquiagem leve, só para disfarçar as imperfeições.

» Procure saber a cor do fundo usado na televisão ou no estúdio fotográfico e use uma roupa contrastante. Se o cenário do estúdio for verde, jamais use roupas dessa cor, ou você correrá o risco de parecer uma cabeça flutuante.

» As cores podem parecer diferentes diante das câmeras, por isso algumas padronagens não ficam bem no vídeo. É o caso de listras, xadrez e outras texturas que dão efeito estroboscópico, ou seja, ficam "dançando" na tela e desviando a atenção do seu discurso.

» A câmera também acentua outros fatores, como cabelos espetados e roupas amarrotadas. Tomar cuidados para driblar esses problemas pode melhorar a sua apresentação.

» Lembre-se de que, em muitos casos, a tomada na televisão pode ser de corpo inteiro. Ao sentar-se, a sua calça vai subir e lá estarão elas: as canelas finas, branquelas ou cabeludas. O olhar vai direto para elas e ninguém mais vai prestar atenção no que você ensaiou tanto para dizer. Portanto, os homens devem usar meias até os joelhos para não correr nenhum risco, e as mulheres precisam tomar cuidado com o comprimento de vestidos e saias. Na hora de cruzar as pernas, certifique-se de que a barra está pelo menos nos joelhos.

- Não se jogue na poltrona como se fosse ver o jogo de futebol em casa, mas também não fique duro feito um poste. A naturalidade é sempre a melhor saída. Se você for filmado da cintura para cima ou de corpo inteiro, mantenha os ombros levemente inclinados para trás.
- Cuidado ao escolher cores vibrantes e quentes, ou um traje todo branco. O operador de câmera vai amaldiçoá-lo, pois você vai "estourar" na tela.
- Opte por um traje com o qual você se sinta confortável, pois, se você estiver demasiadamente rígido e formal, isso afetará sua forma de expressão. Use roupas que se ajustem perfeitamente ao seu corpo, porque a câmera acrescenta alguns quilos. Roupas disformes vão fazê-lo parecer mais pesado e menos elegante. Seja precavido e leve uma roupa extra: já pensou aparecer no debate ou na entrevista usando o mesmo traje que o apresentador ou, o que é pior, que o seu adversário político?
- Evite usar joias chamativas, pois elas refletem a luz. As mulheres devem usar colares, pulseiras e brincos com moderação, preferencialmente que não façam barulho.
- Não se esqueça de testar quais cores ficam bem em você. Como as luzes dos estúdios podem potencializar alguns detalhes, alguns deles serão redobrados. Assim, se você é do tipo branco rosado e tomou muito sol, vai ficar parecendo um camarão se colocar uma gravata vermelha.
- Em alguns estúdios, usam-se microfones de lapela. Por isso, usar blusa de gola alta pode ser um problema. Já pensou o técnico de som ter de passar um fio por dentro de todo o seu vestido?
- Se você usar óculos, certifique-se de que as lentes são antirreflexo.
- Por fim, preocupe-se com o conteúdo e, durante a entrevista ou o debate, seja humilde. Candidatos arrogantes, agressivos e cheios de soberba estão fadados ao fracasso, pois ninguém aguenta pessoas que se acham melhores que as outras. Muito cuidado, pois o nervosismo pode fazer com que você pareça ter esse comportamento.

GESTUAL NA ENTREVISTA DE TELEVISÃO

Segundo o especialista em linguagem corporal Ronaldo Antonio Cavalli, em entrevistas e debates na televisão, o candidato deve manter os dois pés no chão, como se estivesse puxando os fluidos da terra. Jamais deve cruzar os braços e manter uma postura de noventa graus ou inclinada em relação ao entrevistador: se estiver ereto demais e o eixo do corpo ficar muito para trás, passará a ideia de arrogância e autoritarismo. Cuidado com os gestos. Cavalli aponta que alguns podem fazer o político perder votos:

> Os gestos podem afastar ou aproximar pessoas. Um papa, quando fala, coloca as mãos com as palmas voltadas para cima, como se estivesse recebendo algo do céu, enquanto muitos políticos falam empurrando o público para bem longe deles, com gestos de ordenação ou de um pai que repreende o filho. Outro ponto é o posicionamento do queixo. Quando alinhado com o horizonte transmite uma mensagem de neutralidade. Só que, se o queixo estiver um pouco elevado, passa a impressão de autoridade e de arrogância; se estiver voltado para o peito, de submissão e de alguém mais maleável. Saber lidar com essas posturas com maestria e aplicá-las num discurso e entrevistas é um desafio enorme. Quem faz isso com extrema categoria é Barack Obama.

ATENÇÃO, O MICROFONE ESTÁ LIGADO!

A experiência mostra e o ditado popular ensina: "Em boca fechada não entra mosquito".

Declarações infelizes já derrubaram muitos políticos. Quem não se lembra do dia 1º de setembro de 1994, quando o então ministro da Fazenda Rubens Ricupero, do governo Itamar Franco, teve sua conversa com o jornalista Carlos Monforte captada por antenas parabólicas antes de a entrevista à tevê Globo ir ao ar? Ele afirmou: "Eu não tenho escrúpulos. O que é bom a gente fatura; o que é ruim, esconde". Ninguém sabe exatamente o contexto em que isso foi dito, mas qualquer explicação certamente estaria fadada ao fracasso. O ministro caiu logo depois.

> **OS POLÍTICOS EM QUALQUER PARTE SÃO OS MESMOS. ELES PROMETEM CONSTRUIR PONTES MESMO QUANDO NÃO HÁ RIOS.**
>
> Nikita Serguêievitch Khrushchov (1894-1971), político russo

Pensa que é só no Brasil? A realeza de outros países também dá suas mancadas. O príncipe Charles, da Inglaterra, foi flagrado fazendo comentários sobre um repórter da BBC, durante uma seção de fotos em uma estação de esqui, em 2005. Charles, que estava acompanhado dos filhos, William e Harry, comentou sem saber que estava sendo gravado: "Gente maldita, não suporto aquele homem. Ele é tão desagradável".

Mas no primeiríssimo lugar do *ranking* está o ex-presidente norte-americano Ronald Reagan. Em 1984, ele estava se preparando para seu discurso semanal no rádio quando, sem perceber que o microfone estava ligado, afirmou: "Companheiros, tenho o prazer de dizer a vocês que assinei uma lei que acabará com a Rússia. Começaremos a bombardear em cinco minutos". Brincadeirinha! Era só para testar o som...

Até autoridades religiosas já "pagaram mico". Durante a campanha presidencial de 2008, o reverendo Jesse Jackson teve de pedir desculpas ao então candidato democrata, Barack Obama, por ter criticado a forma como ele vinha se dirigindo à comunidade negra. Jackson, que apoiou Obama, disse que "queria cortar os testículos do democrata" sem saber que o microfone estava transmitindo seus comentários.

O ex-presidente francês Jacques Chirac, em 2005, também aprontou uma boa: em um encontro com líderes da Alemanha e da Rússia, ao comentar sobre os ingleses, Chirac fez a seguinte declaração: "A única contribuição deles para a agricultura europeia foi a 'doença da vaca louca'. Depois da Finlândia, é o país com a pior comida. Você não pode confiar em um povo com uma cozinha tão ruim". Sem comentários...

O QUE DIZER E COMO?

Saber o que dizer é uma arte estudada à exaustão. O professor de oratória Reinaldo Polito, um dos maiores especialistas do Brasil na área, com dezenove livros publicados sobre o assunto, dá algumas orientações:

Quais são os erros mais comuns que os candidatos cometem em entrevistas e discursos?

RP: *Artificialismo.* Muitos candidatos mudam completamente a maneira de se expressar quando fazem discursos ou concedem entrevistas. Essa mudança provoca um comportamento artificial que pode comprometer a credibilidade do político. É importante que o orador fale com emoção, energia e envolvimento, mas sem perder a espontaneidade. Nas entrevistas para emissoras de rádio e televisão o candidato deve falar como se estivesse em casa conversando de forma animada com amigos e familiares.

Inadequação. Por melhor e mais bem proferido que seja um discurso dificilmente o candidato conquistará os votos dos eleitores se a mensagem não for adequada ao público. Por exemplo, não adianta um candidato prometer saneamento básico para as pessoas que vivem na região central se o que elas desejam é mais segurança e trânsito livre. Da mesma forma não terá êxito falando de estacionamento seguro se o que as pessoas precisam é de ruas asfaltadas e transporte mais rápido.

Desorganização. São muitos os candidatos que não conseguem estruturar o raciocínio de maneira lógica e concatenada. Até sabem como iniciar, pois a maioria tem consciência de que deve conquistar a simpatia dos ouvintes logo no início do discurso. São incompetentes, entretanto, para ordenar as etapas seguintes. Entram diretamente no assunto principal sem fazer a preparação conveniente, partem para a conclusão antes de refutar as possíveis objeções da plateia, voltam a argumentar quando deveriam encerrar. A velha lição aprendida ainda no curso básico continua valendo: falar sempre com começo, meio e fim.

O que é proibido falar em público? Em um dos seus artigos, o senhor diz que o *bom*, *bem*, *ããããã* têm pacto com o demônio.

RP: Todos os ruídos que prejudicam a qualidade do discurso devem ser eliminados. O uso frequente do "né?", "tá?", "tá entendendo?" no final das frases é um dos problemas mais graves. Outras atitudes também são consideradas arriscadas, como, por exemplo, contar piadas no início da apresentação, pedir desculpas por problemas físicos (rouquidão, gripe) ou pela falta de conhecimento sobre o assunto. Também não é conveniente encerrar com o inconsistente "era isso o que tinha para dizer".

Como um político pode melhorar a dicção e a oratória? Algum conselho para superar timidez e gagueira?

RP: Em primeiro lugar é preciso não confundir "dicção" com a arte de falar. Dicção é a pronúncia das palavras. Para pronunciar bem as palavras o ideal é procurar a orientação de um fonoaudiólogo, que poderá fazer uma avaliação correta do problema. O candidato poderá também fazer exercícios de leitura em voz alta colocando o dedo na horizontal, levemente dobrado e preso entre os dentes.

A oratória deve ser aprimorada em todos os aspectos, como voz, vocabulário e expressão corporal. De maneira resumida, a voz deve ter volume adequado ao ambiente. O candidato deve também alternar o volume da voz e a velocidade da fala para imprimir ritmo agradável.

O vocabulário ideal é composto de palavras simples, sem vulgaridades ou excesso de gírias. O candidato precisa ainda tomar cuidado com os termos técnicos quando tiver de falar com ouvintes não familiarizados com o tema.

Expressão corporal. Uma regrinha boa para o candidato: quanto maior for a plateia e mais baixo for o nível intelectual dos ouvintes, mais acentuados devem ser os gestos. De outro lado, quanto menor a plateia e mais elevado o nível intelectual dos ouvintes, mais moderada deve ser a gesticulação.

Para superar a timidez o candidato deve conhecer com profundidade o assunto que vai expor, organizar o discurso com começo, meio e fim, praticar bastante e aprender a identificar seus aspectos positivos de comunicação.

Se o candidato for gago, deve consultar um fonoaudiólogo especializado em gagueira. É um assunto muito delicado, que exige orientação específica.

Qual a diferença entre falar em pé e falar sentado?

RP: O candidato só deve falar sentado em último caso, quando a situação exigir, como, por exemplo, em entrevistas com esse formato. Fora esses momentos, sempre que puder deverá falar em pé, pois assim terá mais poder e domínio sobre o público.

O político também deve usar humor e presença de espírito em seus discursos? Piadas são recomendadas?

RP: A fala bem-humorada e a presença de espírito são bem-vindas na comunicação, desde que, evidentemente, o assunto e a circunstância permitam. A piada deve ser evitada no início, mas, se for inédita, curta e guardar relação com o assunto, poderá ser positiva no meio do discurso, quando orador e plateia já estiverem mais à vontade.

O que fazer para aprimorar a comunicação e "tocar o coração" do eleitor?

RP: Leitura em voz alta ajuda a desenvolver a voz, a controlar a respiração e a aprimorar o vocabulário. Para "tocar o coração" do ouvinte o orador deve ir ao encontro de suas aspirações, atender às suas necessidades e mostrar de forma clara quais os benefícios que terá com a mensagem transmitida.

MAIS ALGUMAS DICAS DE REINALDO POLITO

PECADOS CAPITAIS DA LINGUAGEM ORAL

"Haja visto o progresso da ciência..."

Explicação: a forma *haja visto* não se aplica a este caso. O correto é *haja vista* e não varia.

Rubens Barrichello poderá ser campeão, haja vista o progresso que tem feito com o novo carro.

"Para mim não errar..."

Explicação: *mim* não pode ser sujeito, apenas complemento verbal.

Ele trouxe a roupa para mim.

Também pode completar o sentido de adjetivos:

Fica difícil para mim...

"Vou estar enviando o fax..."

Explicação: embora não seja gramaticalmente incorreto, o gerúndio é uma praga. É feio e desnecessário. Melhor dizer:

Vou enviar o fax.

"Ir ao encontro de..."/ "ir de encontro a..."

Explicação: muita gente acha que as duas expressões significam a mesma coisa. Errado.

Ir ao encontro de é o mesmo que estar a favor de.

Ir de encontro a significa estar contra, discordar de.

"Eu, enquanto diretor de marketing..."

Explicação: também é inadequado. Melhor dizer:

Eu, como diretor de marketing...

"Fazem muitos anos..."

Explicação: quando o verbo *fazer* se refere a tempo ou indica fenômenos da natureza, não pode ser flexionado. Diz-se:

Faz dois anos que trabalho na empresa.

Faz seis meses que me casei.

"A nível de Brasil..."

Explicação: *a nível de* é uma expressão inútil. Pode ser suprimida ou substituída por outras. Em vez de

A empresa está fazendo previsões a nível de mercado latino-americano.

use

A empresa está fazendo previsões para o mercado latino-americano.

"Não tive qualquer intenção de errar"

Explicação: não se deve usar *qualquer* no lugar de *nenhum* em frases negativas. O certo é dizer:

Não tive nenhuma intenção de errar.

"Há dez anos atrás..."

Explicação: redundâncias enfeiam o discurso. Melhor dizer:

Há dez anos... ou *Dez anos atrás...*

Há dez anos atrás é o mesmo que *um plus a mais.*

"Éramos em oito na reunião..."

Explicação: não se usa a preposição *em* entre o verbo *ser* e o *numeral.* O correto é dizer:

Éramos oito...

GAFES, FORAS E VEXAMES

NUNCA COMETI GAFES. TODAS ELAS FORAM INVENTADAS PELOS JORNAIS.

Silvio Berlusconi, ex-primeiro-ministro da Itália

Esse tipo de desculpa não cola, muito menos no caso de Silvio Berlusconi.

Conhecido internacionalmente por suas gafes, o primeiro-ministro italiano já foi criticado, por exemplo, por fazer um comentário em que minimizava a gravidade do estupro: questionado sobre a possibilidade de enviar tropas para conter uma onda de violência sexual em uma cidade italiana, Berlusconi afirmou que os estupros iam continuar acontecendo enquanto não houvesse "tantos soldados quanto meninas bonitas na cidade".

Mais tarde, ele afirmou que seu comentário foi um elogio: "As mulheres devem ser defendidas". Com esses comentários, ele conseguiu realizar uma verdadeira proeza: lançou um impropério, tentou justificá-lo de forma atabalhoada e depois mentiu.

QUE JOGUE A PRIMEIRA PEDRA QUEM NUNCA COMETEU UM DESLIZE

Quem nunca se mortificou por isso? Pode acontecer com qualquer um. A diferença é que a maioria dos seres humanos dá vexame em um ambiente restrito. Já a gafe do político parece rastilho de pólvora, que se espalha para muita gente ridicularizar. E o que é pior: fica na biografia desse político para o resto da vida. Seu fiasco será motivo de escárnio e alegria para muitos.

É cruel, mas é assim mesmo que funciona. Você pode passar a vida toda trabalhando, sendo correto em suas atitudes, fazer o bem para as pessoas, mas basta cometer um deslize para ser lembrado apenas por isso.

Os vexames são democráticos: podem acometer qualquer classe social. Analisemos o caso do príncipe Philip, marido da rainha Elizabeth II. Mesmo sendo casado com a mulher mais poderosa do Reino Unido, o duque de Edimburgo ficou conhecido na imprensa britânica como o "Rei das Gafes". Veja algumas "pérolas" ditas por ele:

> "Todo mundo estava dizendo que devemos ter mais lazer. Agora eles estão reclamando que estão desempregados?" (Frase proferida durante o período de recessão de 1981.)

> "É melhor vocês não ficarem muito tempo por aqui se não quiserem acabar com os olhos rasgados." (Para estudantes britânicos na China.)

Perto de completar 90 anos de idade, o duque concedeu uma entrevista. Ao ser convidado a fazer um balanço de sua vida, foi curto e enigmático: "Gostaria de não ter cometido os erros que cometi. Mas não vou dizer a vocês quais foram". A rainha deve ter ficado com a pulga atrás da orelha.

PÉROLAS DE OUTRAS PERSONALIDADES MUNDIAIS

» Bill Clinton, ex-presidente dos Estados Unidos, ao negar ter molestado sexualmente Kathleen Willey: "Nunca me aproximaria de uma mulher de seios pequenos".

» O atual presidente dos Estados Unidos, Barack Obama, em um ato de campanha no Oregon: "Já estive em 57 estados. Falta só mais um por visitar". (Os Estados Unidos têm 50 estados.)

» Nguen Co Thatch, ministro das Relações Exteriores vietnamita: "Nosso governo foi bom. Conseguimos distribuir a pobreza de forma equitativa".

» O ex-presidente da França, Charles de Gaulle: "A China é um país grande, habitado por muitos chineses".

» Logo nos primeiros meses de governo, George W. Bush, ex-presidente dos Estados Unidos, foi agraciado com um livro intitulado *Bushismos*, tamanha a quantidade de deslizes e gafes cometidos por ele. Foi difícil escolher a melhor delas, mas esta certamente ficará nos anais da história: "A vasta maioria de nossas importações vem de fora do país".

O especialista em marketing político Luiz Gonzalez, que tem mais de vinte anos de experiência em campanhas políticas, dá orientações ao candidato em casos de gafe:

Como um candidato deve agir ao cometer uma gafe?

LG: Em todos os casos, o melhor para um candidato é ser verdadeiro. Falar sempre a verdade e expressar o que pensa é, sempre, a melhor conduta. Quando um candidato comete uma gafe, um deslize verbal, fala algo que não é adequado, o melhor a fazer é o *mea culpa*. Admitir o erro. Se a declaração for desastrosa e fruto de um impulso, não hesite em recolocar o tema, pedir desculpas ao público, confessar a gafe e seguir em frente. Mas isso, claro, só vale se as desculpas forem sinceras ou se as explicações ou justificativas forem verdadeiras. Mentir, ou enrolar, ou tentar sair pela tangente a respeito de uma gafe agrava o problema em vez de solucioná-lo. Então, de maneira geral, a orientação para qualquer candidato é: seja verdadeiro. E, se for mal-entendido, esclareça. Se falar algo que for objeto de crítica, esclareça e justifique. Dê seus argumentos. Se cometer uma gafe, se fizer uma piada de mau gosto, peça desculpas. Tudo às claras e de maneira direta. Seja verdadeiro para que os eleitores acreditem e confiem nas suas declarações, nas suas propostas e no seu posicionamento.

Existe uma maneira de fugir das gafes?

LG: Quando um candidato comete um deslize, mesmo que queira minimizá-lo, os adversários se encarregarão de aumentá-lo. Esse aumento nem sempre beneficia quem o pratica, pois a opinião pública sabe que o jogo político é feito de acusações mútuas, exageros mútuos e tentativas de realçar, no adversário, aquilo que pode prejudicá-lo diante dos eleitores. Portanto, passadas muitas eleições e em ambiente de livre debate e exercício pleno da democracia, os eleitores dão um "desconto", digamos assim, ao que ouvem sobre cada candidato. Além disso, na disputa política e eleitoral, as relações de causa e efeito não são automáticas e o resultado não é matemático. Às vezes, o que parece uma gafe pode virar um desabafo e um sinal de sinceridade. Às vezes, ao contrário, o deslize fica pior quando se tenta contorná-lo. Não há uma fórmula para evitar gafes, pois não há fórmula que contenha a previsão das reações humanas ao que fazem e dizem seus semelhantes, especialmente se eles pedem apoio e aprovação sob a forma de voto. Em resumo, é muito difícil evitar gafes. A melhor maneira de tentar diminuí-las é prever os assuntos que serão objeto de debate político e eleitoral, estudá-los e ter opinião e posição sólida sobre eles. Quem conhece os temas, quem os estuda, quem tem as informações abrangentes sobre cada tema, não é pego de surpresa. E por isso tem mais chance de não cometer deslizes. Mais do que tudo, o candidato não deve deixar-se tomar pela ira, pecado capital, pois ela é a mãe certa de muitas gafes e deslizes. Isso significa que o candidato a cargo majoritário tem que ter maturidade e saber tolerar frustrações. Todos os candidatos gostariam de receber perguntas suaves e que os ajudassem a seduzir o eleitor. Mas, quando elas não vêm, é preciso aceitar as perguntas que chegam, por mais provocativas que sejam, e responder a elas de forma madura.

Qual a dica para os candidatos que têm uma queda para os deslizes?

LG: Dominem os temas sobre os quais tenham de falar; tenham segurança de suas posições e opiniões; tenham serenidade para não reagir com ira a eventuais provocações ou questionamentos incomuns. Sejam verdadeiros. É melhor cometer um deslize sendo verdadeiro do que não cometê-lo sendo falso. Se a declaração for desastrosa e fruto de um impulso, não hesitem em recolocar o tema, pedir desculpas ao público, confessar a gafe e seguir em frente.

É melhor um desastrado confiável do que um certinho mentiroso.

ETIQUETA

Com certeza você será convidado para jantares, almoços, coquetéis e outros eventos. Como se portar nessas ocasiões? O que fazer?

Quem orienta o candidato a esse respeito é o cerimonialista Carlos Takahashi. Segundo ele, existem cinco "palavras mágicas" que devemos usar em qualquer ocasião: sim, obrigado, por favor, desculpe e parabéns.

O CONVITE

Nos convites mais formais haverá a observação RSVP[7] e um número de telefone. Aquilo não está ali só para constar. Você deve ligar e confirmar sua presença ou justificar sua ausência.

De acordo com Carlos Takahashi, isso vai evitar situações constrangedoras, como o seu nome não estar na lista. Aí você pode acabar brigando com o porteiro ou com a recepcionista quando, na verdade, teria sido

---

[7] Sigla de *Répondez s'il vous plaît* (responda, por favor).

possível evitar o constrangimento com um único telefonema.

PONTUALIDADE

O atraso máximo permitido é de 15 minutos.

Segundo Takahashi, nem noiva chega mais atrasada para o casamento. Já passou a época em que era chique chegar atrasado. Hoje é falta de consideração com os anfitriões.

LUGARES

A primeira regra é sempre ter humildade. Procure saber se os lugares são marcados. Nunca use de arrogância para sentar em outro local ou reclamar de sua mesa. Só tome a iniciativa de solicitar (com educação) uma eventual mudança quando todos os convidados estiverem acomodados e você perceber que existe um lugar disponível onde deseja.

Muitos candidatos querem ficar "grudados" nas principais autoridades presentes e, às vezes, protagonizam situações ridículas. Saiba que isso pode acabar com a sua imagem.

POSIÇÃO À MESA

Takahashi explica que as cadeiras, em geral de encosto reto e assento curto, facilitam que as pessoas sentem corretamente. Por isso, não afaste nem incline a cadeira para trás.

CONVERSAÇÃO

Ao chegar à mesa, peça licença e se apresente com discrição. Nada de já sair panfletando. Deixe para contar que é um candidato quando criar proximidade com as pessoas.

Procure conversar com todos e cuidado para não parecer tenso, ansioso ou entediado.

TRATAMENTO

Evite o emprego indiscriminado do título de doutor.

Doutor é título acadêmico e só deve ser usado para quem fizer jus. Chamar de senhor já defere respeito suficiente.

TELEFONES CELULARES

De preferência os celulares devem ser desligados.

Se isso não for possível, deixe-os no modo silencioso. Se precisar atender à ligação, peça licença e saia da mesa.

GUARDANAPO

Se for de tecido, o guardanapo deve ser colocado no colo. Se for de papel deve ser deixado ao lado do prato.

Se o guardanapo cair, nada de pegá-lo do chão. Chame o garçom e solicite outro.

Ao sair para ir ao toalete ou a outro lugar, deixe o guardanapo sobre a mesa, à direita do prato.

INÍCIO DA REFEIÇÃO

Não se sirva antes do anfitrião ou antes que a maioria dos convidados esteja servida.

Se a mesa for longa, com vários convidados, espere que aproximadamente dez deles estejam servidos para começar a comer.

COTOVELOS

Jamais coloque os cotovelos sobre a mesa. Apenas as mãos e os punhos podem apoiar-se sobre a mesa enquanto a pessoa come.

Mantenha os cotovelos próximos ao corpo quando utilizar a faca e o garfo; assim você evita encostar-se no vizinho.

Após a refeição, durante o café e os licores, já é tolerável uma postura menos formal.

FALAR DURANTE A REFEIÇÃO

Evite assuntos indigestos e polêmicos.

Não se deve falar com a boca cheia, mastigar com a boca aberta ou mastigar ruidosamente.

Não toque nas pessoas. É desagradável ser "cutucado" a todo momento.

GARÇOM

Nem pense em gritar pelo garçom. Não assovie nem seja grosseiro.

Dirigir palavras gentis às pessoas que o servirem ou lhe derem alguma ajuda à mesa é indispensável. Agradeça sempre ao garçom que retirar o seu prato e ao que lhe servir a bebida.

Diga *por favor* ao pedir a alguém que lhe passe a cesta de pães, e sempre faça isso olhando para a pessoa.

COPOS

Limpe sempre a boca com o guardanapo para não sujar o copo.

Em caso de bebida gelada, segure a taça pela haste. Somente a taça de conhaque pode ser "aquecida" com as mãos.

TALHERES

Sempre comece uma refeição com os talheres de fora para dentro, no caso de mais pratos serem servidos.

Nada de falar sacudindo a faca ou o garfo como se fosse um maestro. Lembre-se de que eles não são armas de defesa e ataque. Além dos perigos que esse comportamento representa – respingar comida em outras pessoas, fazer voar os objetos, etc. –, é uma atitude deselegante.

Ao terminar a refeição, não largue os talheres de qualquer jeito. O ideal é deixá-los sobre o prato formando um ângulo de 45 graus. Esse é um sinal de que você está satisfeito e de que o prato pode ser retirado. O corte da faca deve ficar voltado para você, e não para fora.

Descanso de talheres

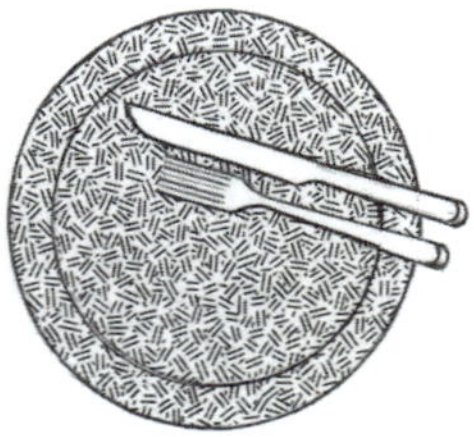

Fim da refeição

DICAS DE COMO COMER ALGUNS ALIMENTOS

» Folhas verdes inteiras: Espinafre, alface e outras verduras inteiras não devem ser cortados. O correto é dobras as folhas com a ajuda da faca e do garfo.

» Espaguete: Não use a faca para cortar o macarrão. A maneira correta de comer a massa é enrolando-a no garfo.

» Sopas: A sopa deve ser tomada com a colher de lado, e não colocando a ponta da colher na boca. Não sopre a sopa nem faça ruídos ao tomá-la.

» Pães: O correto é cortar o pãozinho com as mãos e só usar a faca para passar a manteiga ou o patê.

» Azeitonas: Pegue a azeitona espetando-a com o garfo. Jamais retire o caroço da boca com as mãos. A etiqueta manda fazer isso do mesmo jeito que ela entrou: com o garfo.

» Carnes com osso: Sempre que possível, tente comê-las usando os talheres, mas não se constranja em usar as mãos, pois não é simples comer esse tipo de carne apenas com garfo e faca.

» Alcachofras: Devem ser comidas com a mão, começando-se de fora para dentro. Com os dedos, destaque as pétalas uma a uma e mergulhe-as no molho. Come-se apenas a parte mais macia; o resto da pétala deve ser deixado de lado no prato. Quando chegar ao "coração" (fundo) da alcachofra, use os talheres. Normalmente, quando esse tipo de prato é servido, o garçom traz uma vasilha com uma loção. Não beba; ela deve ser usada para lavar as pontas dos dedos.

REMOÇÃO DE RESÍDUOS

É repulsivo ver uma pessoa colocar o dedo na boca para limpar o vão entre os dentes com a unha, limpar o nariz no guardanapo ou a boca na toalha de mesa.

Não se deve pegar com os dedos nem cuspir no guardanapo restos do alimento que foi levado à boca. A regra geral é: do mesmo modo que um alimento chegou à boca, ele deverá ser retirado. Se uma fruta é comida com as mãos, sem o uso de talheres, então o caroço ou as sementes devem ser retirados com os dedos. Já a cartilagem de um pedaço de carne, que foi levado à boca com um garfo, deve ser removida com o próprio garfo e deixada em um canto do prato. Jamais a coloque no pratinho de pão ou no *sousplat* (do francês, prato de baixo). A espinha de peixe é uma exceção e pode ser apanhada com as mãos.

PALITO DE DENTE

A primeira regra que deve ser observada é NUNCA, JAMAIS, EM TEMPO ALGUM usar palito de dente.

Vá ao banheiro, tenha certeza de que não foi seguido e de que não há câmeras escondidas e, só ali, retire o resto de comida com esse objeto.

Colocar a mão na frente da boca como se estivesse tocando gaita – achando que ninguém está percebendo – é horrível. Saiba que sempre haverá alguém observando seu comportamento.

SAÍDA

Uma pessoa bem educada sabe a hora certa de ir embora.

É de bom-tom agradecer a quem o convidou antes de sair do evento.

Sair muito cedo, antes do final da refeição, é grosseiro, a não ser que você tenha uma ótima desculpa. Afinal, você ocupou um lugar que poderia ser de outra pessoa.

Como candidato político, não saia abraçando nem beijando todo mundo. As pessoas sabem identificar quando esse comportamento é sinal de oportunismo.

AGRADECIMENTO

Sempre envie, no dia seguinte ao do evento para o qual foi convidado, uma mensagem de agradecimento. Pode ser um telefonema, um telegrama, um *e-mail* comentando o evento e agradecendo o convite.

Só mande flores em caso de pessoas mais velhas. Do contrário o gesto pode ter uma interpretação inadequada.

CUMPRIMENTO - GESTO ESSENCIAL

Nos países ocidentais, o aperto de mãos é primordial em uma saudação. Mas cuidado: mãos suadas ou "moles", que cumprimentam sem energia, passam uma péssima impressão. Em contrapartida, mãos que apertam demais, como se fossem quebrar as falanges do

cumprimentado, também são de enlouquecer. Uma coisa é certa: em ambos os casos, as pessoas vão querer evitá-lo a todo custo!

Um aperto de mão deve ser firme e durar no máximo três segundos. Os famosos tapinhas nas costas, que viraram clichê político, estão proibidos. Ou você abraça, se for alguém conhecido, ou dá o aperto de mão.

Nunca deixe de cumprimentar alguém que lhe estender a mão, mesmo que a pessoa seja sua arqui-inimiga. Não fazer isso é falta de educação, inclusive com quem está ao lado e presencia uma cena tão lamentável.

Sabe aquelas pessoas que se aproximam tanto de você que acabam lançando saliva na sua roupa ou nos seus óculos? É uma situação bastante desagradável, não? Para evitá-la, fique a uma distância razoável ao cumprimentar alguém.

Sempre olhe diretamente para a pessoa que você estiver cumprimentando. É muito constrangedor falar com alguém que fica olhando para os lados, para o teto, para o chão. Diz a regra que não se deve cumprimentar alguém que esteja comendo: um aceno é o suficiente. Quando a pessoa terminar a refeição, aí sim você pode se aproximar.

AUTORIDADES E PRONOMES DE TRATAMENTO

Caiu em desuso dirigir-se a uma autoridade por digníssimo, ilustríssimo ou excelência. Pessoalmente, basta dizer: senhor deputado, senhor presidente, senhor prefeito, etc. Por escrito, principalmente em convites e em ocasiões mais formais, usamos o pronome *Vossa Excelência* para as seguintes autoridades (Brasil, s/d.):

- No Poder Executivo: presidente da República, vice-presidente da República, ministros de Estado, governadores e vice-governadores de Estado e do Distrito Federal, oficiais-generais das Forças Armadas, embaixadores, secretários-executivos de ministérios e demais ocupantes de cargos de natureza especial, secretários de Estado dos governos estaduais, prefeitos municipais.
- No Poder Legislativo: deputados federais e senadores, ministros do Tribunal de Contas da União, deputados estaduais e distritais, conselheiros dos Tribunais de Contas Estaduais, presidentes das Câmaras Legislativas Municipais.
- No Poder Judiciário: ministros dos Tribunais Superiores, membros de tribunais, juízes, auditores da Justiça Militar.

Há outros cargos que recebem igual tratamento por força de dispositivo legal. Antes de mandar uma correspondência, pesquise para não incorrer em erros.

Exemplo de correspondência:
A Sua Excelência *o Senhor*
Senador *Fulano de Tal*
Senado Federal
70.165-900 – Brasília – DF

BEBIDA ALCOÓLICA

Embora o ex-presidente russo Boris Yeltsin tenha orquestrado a transição da Rússia do comunismo para o capitalismo, seu gosto por vodca será sempre a maior marca de seu legado. O próprio Yeltsin reconheceu, em sua autobiografia, que, em alguns momentos, liderou a Rússia sob o efeito do álcool.

Vexames não faltaram em seu governo. Entre os inúmeros deslizes cometidos por ele, o líder russo dançou *rock* feito doido; beliscou as nádegas de sua secretária durante um encontro com correspondentes estrangeiros; e fez batucada na cabeça de Askar Askayev, presidente da ex-república soviética da Quirguízia.

Algum tempo depois da morte de Yeltsin, em 2007, o ex-presidente dos Estados Unidos Bill Clinton deu uma entrevista ao jornalista Taylor Branch. No depoimento, Clinton contou que o presidente russo, em visita aos Estados Unidos em 1995, foi surpreendido na rua apenas de cueca, completamente bêbado, tentando pegar um táxi porque queria uma *pizza*. O Serviço Secreto o resgatou. É preciso dizer alguma coisa sobre o cuidado que um candidato precisa tomar em relação ao álcool? Como tudo na vida, beber também deve ser feito com parcimônia.

A doutora Maria Tereza Zanella, professora da Universidade Federal de São Paulo (Unifesp), dá as seguintes dicas sobre o consumo de bebidas alcoólicas:

> Estudos demonstram que o consumo moderado de álcool pode realmente melhorar a saúde. A análise detalhada de 34 estudos constatou que a mortalidade é mais baixa entre os indivíduos que consomem álcool diariamente, se comparada à observada em indivíduos abstêmios. No maior trabalho que se dispôs a estudar a relação entre o consumo de álcool e a mortalidade, o benefício máximo adveio do consumo de uma dose diária, tanto para homens quanto para mulheres. Não se pode dizer que existe um consumo "ideal" de álcool, mas, para que ele seja considerado saudável, as recomendações sugerem no máximo duas doses diárias no caso de homens e uma dose no caso de mulheres. O consumo de vinho tinto, particularmente, parece trazer maiores benefícios, já que essa bebida contém flavonoides e fenólicos, substâncias que possuem propriedades antiaterosclerose e antitrombose. Interessante observar o chamado "paradoxo francês", em que a mortalidade por doença cardíaca coronariana é menor do que seria esperado, diante da alta prevalência nacional de tabagismo e da ingestão de gorduras saturadas. A baixa mortalidade tem sido atribuída ao frequente consumo de vinho tinto na França. A ingestão de álcool, entretanto, tem sido associada ao maior risco de mortalidade e morbidade por traumas. O risco de se envolver em um acidente de trânsito, por exemplo, aumenta de forma marcante com a presença de pequenas quantidades de álcool na circulação sanguínea (ver tabela na p. 149 com teor alcóolico de algumas bebidas).

Inicialmente, quando se ingere álcool, os sintomas incluem euforia e déficits leves de coordenação, atenção e cognição. Com a ingestão de maiores quantidades, o indivíduo experimenta maiores déficits de coordenação e perda de suas habilidades psicomotoras, diminuição da atenção, desequilíbrio, dificuldade de raciocínio, fala arrastada e variabilidade de humor. Os sinais de intoxicação grave incluem total falta de coordenação, pensamentos incoerentes, confusão mental, náuseas e vômitos, que podem evoluir para a perda de consciência. Assim, alguns cuidados são necessários para evitar esses efeitos desagradáveis. Para evitá-los na totalidade só há uma maneira: não beber. De outro lado, alguns conselhos podem ser úteis para evitar situações contrangedoras e dores de cabeça:

- Coma alguma coisa antes de ingerir bebida alcoólica. Um pouco de comida no estômago retardará a absorção do álcool. Dê preferência ao consumo de proteínas e gorduras nessa refeição prévia e continue a se alimentar.
- Bebida alcoólica desidrata, portanto tome bastante água entre um gole e outro.
- Mantenha a ingestão de apenas um tipo de bebida. A bebida deve ser ingerida lentamente, em pequenos goles. Dê um bom intervalo entre as doses.
- Pessoas que bebem sentadas muitas vezes só percebem que estão embriagadas quando se levantam. Para evitar que isso ocorra, é importante se levantar de vez em quando.

- Só a própria pessoa sabe quanto álcool pode ingerir. Isso geralmente depende da genética, do peso corporal e de experiências anteriores com a ingestão de álcool. Deve-se prestar atenção aos sinais do corpo e atendê-los quando a sensação de embriaguês aparecer. Nesse caso, pare de beber e vá embora, de táxi ou de carona.
- Para a ressaca física, o ideal é descansar bastante, tomar muito líquido e fazer refeições leves. Se o quadro piorar, deve-se procurar orientação médica. Já na ressaca moral (sensação que aparece quando se faz algo de errado ou constrangedor) não tem remédio que dê jeito: peça desculpas e jure de pés juntos que nunca mais vai beber tanto assim.

Bebida	Teor alcoólico	Calorias (por 100 mL)
Cerveja	(Comuns) 5%	43
Champagne	De 11% a 14%	80
Uísque	De 40% a 50%	240
Vinho branco seco	De 11% a 14%	65
Vinho tinto	De 11% a 15%	85
Vodca	De 40% a 50%	240
Cachaça	De 35% a 45%	230
Conhaque/ Rum/ Gin	De 40% a 50%	240

Fonte: Ronaldo Morado, *Larousse da cerveja* (São Paulo: Larousse do Brasil, 2009).

LINGUAGEM CORPORAL

Muitas vezes a boca diz uma coisa, mas o corpo diz outra completamente diferente. Por isso, a linguagem corporal é uma ferramenta de comunicação muito estudada, tanto para descobrir quando alguém está mentindo, como para passar uma mensagem de maneira mais precisa. Em seu livro sobre surdos, Oliver Sacks, professor de Neurologia e Psiquiatria na Universidade de Columbia, Estados Unidos, relata uma situação em que eles riam incessantemente da incapacidade de mentir dos corpos ao assistirem a um programa de TV em que apareciam alguns políticos.

Um exemplo marcante desse tipo de situação foi uma entrevista concedida por Bill Clinton, ex-presidente dos Estados Unidos: ele negou repetidas vezes que tivesse tido relações extraconjugais. Durante a entrevista, ele procurava, a todo momento, esconder a boca enquanto falava ou manter as mãos entrelaçadas, sinais de quem tinha algo a esconder. Mais tarde, Bill Clinton foi obrigado a vir a público para admitir que tinha mentido e teve de se desculpar.

Sérgio Senna Pires, psicólogo e especialista em linguagem corporal, afirma que o corpo fala antes mesmo de a pessoa enunciar uma frase. Para ele, um exemplo clássico de contradição da mensagem verbal é afirmar o apreço por determinada pessoa ou causa e, ao mesmo tempo, demonstrar com expressões faciais desprezo ou raiva. Outro caso muito comum é dizer que não está nervoso, mas fazê-lo com uma entonação enfática, elevando o volume da voz e gesticulando.

"Gestos e expressões faciais podem substituir a verbalização quando nossa cara diz tudo", afirma Sérgio. Uma pessoa que chega em casa com o rosto abatido pode comunicar que teve "um dia e tanto" sem dizer uma só palavra. O psicólogo adverte ainda que, no contexto político, a comunicação não verbal se estende para outras fronteiras:

> O domínio avançado da comunicação não verbal é fundamental para o êxito de um político. Seja na fase eleitoral, seja em momentos posteriores, o político necessitará atuar como negociador e como procurador das aspirações de seus eleitores. Para tanto, a correta reafirmação de suas mensagens verbais nos domínios da linguagem corporal é muito importante.

Nesse contexto, o emprego hábil da comunicação não verbal é extremamente útil para repetir, enfatizar e complementar o que se pretende dizer, além de ser um modo único de expressar emoções, as quais podem ser imediatamente identificadas pelas pessoas. O cuidado com tudo isso, sem dúvida alguma, aumenta as chances de um político ser bem-sucedido não somente na eleição, mas também na realização do seu mandato.

DICAS DO PSICÓLOGO
SÉRGIO SENNA PIRES

Os movimentos descritos têm o seu lugar e devem ser avaliados dentro de determinado contexto. Entretanto, na maioria das vezes, não são interpretados de maneira positiva e acabam prejudicando o orador. Por isso, é melhor evitá-los.

» Os pés: Um dos sinais de nervosismo mais evidentes é o ir e vir enquanto alguém fala. Uma variante é balançar o pé, geralmente com a perna cruzada. Esses movimentos são resultado da tensão do corpo e ocorrem pela ativação do sistema nervoso autônomo simpático. Controlar a movimentação dos pés pode ajudar a enviar uma mensagem de segurança sobre aquilo de que se está falando.

» As mãos: Procure não apontar para as pessoas, pois esse movimento pode ser interpretado como um sinal de hostilidade. Sim, nossas mães tinham razão ao nos ensinar que não devíamos apontar para as pessoas! Entretanto, ao final de um discurso bem-sucedido, durante os aplausos, pode-se apontar para uma ou outra pessoa a fim de criar um vínculo temporário com ela, mostrando que é reconhecida em meio à multidão. Ou seja, nesse caso, apontar pode ser positivo.

» Gestos como "cortar" e "dar golpes de "caratê" devem ser evitados quando não tiverem contextualizados durante a fala. Em vez disso, devem-se mostrar as palmas da mão para o público, pois isso indica uma atitude mais receptiva e não ameaçadora.

» Posições dos braços e do corpo: Na maioria dos casos, nossa linguagem corporal é interpretada junto com o que dizemos e considerada no todo dos gestos, movimentos e expressões faciais. O observador e o público em geral consideram um conjunto dinâmico de combinações, e não apenas um gesto isolado, para tirar suas conclusões.

Evite:

» Colocar as duas mãos no bolso: A audiência pode interpretar que o orador está distante ou nervoso. Caso sinta necessidade, coloque apenas uma das mãos no bolso e utilize a mão livre para gesticular enquanto fala.

» Manter os braços cruzados: Falar em público de braços cruzados deve ser evitado. Os interlocutores podem interpretar esse gesto como distância, resistência, barreira ou obstrução.

» Colocar as mãos nos quadris: Pode-se achar que a pessoa é autoritária, prepotente, agressiva ou exibida, o que dificultará o acolhimento da mensagem.

Não existe um sinal único e definitivo da mentira, assim como não cresce um "nariz de Pinóquio" nos mentirosos. Por isso, é importante saber que todos os métodos conhecidos para avaliar se alguém está dizendo a verdade se valem de processos intermediários cujos sinais, em muitos casos, podem não estar associados à mentira.

Para fazer uso bem-sucedido dos indicadores descritos, é muito importante observar a linha de base do seu interlocutor, isto é, o comportamento apresentado em situações nas quais ele não mentiu. É necessário muito cuidado na análise de situações que envolvem a mentira, para que não sejam cometidos equívocos prejudiciais às pessoas envolvidas.

Veja a seguir o que você deve observar.

- **MOVIMENTO CORPORAL:** A movimentação do corpo tende a extremos: ou o indivíduo se mexe muito ou utiliza menos as mãos e outras partes do corpo. Quando mentimos, o nosso sistema nervoso autônomo é ativado, o que pode levar ao aumento dos movimentos. Ao perceber que está nervoso ou desconfortável, o mentiroso tenta conscientemente controlar a movimentação, o que explica a sua diminuição.
  - **BAIXA AUTOESTIMA:** Sentar-se na ponta da cadeira com os ombros encolhidos e as mãos em cima do colo não é um bom sinal. A posição represen-

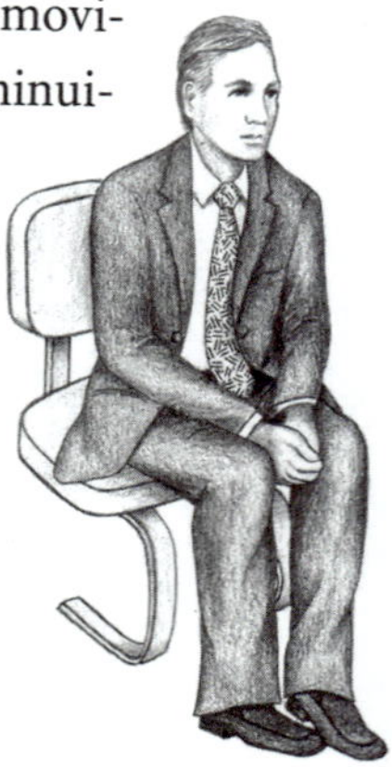

ta culpa, falta de poder e baixa autoestima. Cuidado com essa postura!

- **APATIA E MEDO:** Só abraça o próprio corpo quem se sente ameaçado e percebe que não tem poder para solucionar um problema. "É uma postura de preservação", analisa Sérgio Senna Pires.
- **AGRESSIVIDADE:** Se, no meio de uma reunião ou entrevista, uma pessoa se levantar, inclinar o tronco na sua direção e apoiar as mãos na mesa, saiba que ela deseja mostrar que quem manda ali é ela.

- **LÍDER CLÁSSICO:** Mãos unidas, em posição de oração, revelam uma pessoa analítica e crítica. Pessoas assim tendem a disfarçar o que realmente sentem. "Nem sempre quem projeta o corpo dessa maneira é tão confiante quanto parece", alerta Sérgio Senna Pires.

- **TOQUES NA FACE:** Mentirosos costumam tocar a área em torno da face inferior, ou seja, coçar o nariz, tocar os lábios e o queixo. Essa observação tem relação com o aumento da quantidade de movimentos na direção do próprio corpo, em busca de conforto ou de ocultar a boca, os olhos ou os ouvidos. No entanto, esse é um dos indicadores mais frágeis na detecção da mentira pela linguagem corporal.
- **MOVIMENTAÇÃO DOS OLHOS:** Pessoas desonestas tendem a evitar o contato visual. No entanto, um olhar muito prolongado pode ser um indicador de mentira – como os mentirosos aprendem que se espera deles pouco contato visual, tentam "fabricá-lo".
- **PUPILAS:** As pupilas de uma pessoa dilatam quando ela está contando uma mentira, devido à adrenalina que lhe percorre o corpo no momento. Esse indicador depende da gravidade da mentira: pequenas mentiras podem não provocar a dilatação das pupilas.
- **POSTURA:** Mentirosos costumam se sentir desconfortáveis em pé, na frente de um acusador. Por isso, podem evitar o confronto direto e assumir uma posição lateral em relação ao interlocutor. Em geral, a posição lateral indica o desejo de encerrar a conversa.
- **SORRISO:** Sorrisos falsos são limitados à boca. Quando alguém dá um sorriso falso, apenas alguns músculos da face entram em ação. O prin-

cipal músculo para produzir o sorriso de alegria não é acionado. Em um sorriso verdadeiro, a contração do músculo zigomático maior produz o formato característico de "U", elevando a bochecha e auxiliando na formação de rugas na área dos olhos.

- **UTILIZAÇÃO DE OBJETOS:** Mentirosos tentam colocar objetos entre si e seu interlocutor. Pode ser uma bolsa, uma pulseira, um celular ou até mesmo o próprio cabelo. Essa é uma tentativa inconsciente de criar uma obstrução na sua direção, muitas vezes com algo simples como uma xícara de café. Essa estratégia é utilizada pelos mentirosos para aliviar a tensão do encontro.
- **SARCASMO:** Pessoas desonestas costumam usar o sarcasmo frequentemente ao responder a acusações, numa tentativa de desqualificar os argumentos ou o interlocutor para apressar o fim da conversa.
- **EXCESSO DE DETALHES:** Pessoas desonestas tendem a acrescentar pormenores desnecessários à conversa, na tentativa de criar um cenário mais concreto para o interlocutor.
- **RESPOSTAS INDIRETAS:** Mentirosos negam a acusação de forma indireta, fazendo declarações dúbias e admissíveis. Isso lhes permite minimizar a necessidade de mentir. Ao utilizar essa técnica, eles preservam a possibilidade de voltar atrás em suas respostas e alterá-las ou explicá-las de outra forma.

- **DEFENSIVA:** Mentirosos adotam uma posição inicialmente defensiva, ao passo que pessoas honestas tendem a receber acusações de forma hostil.
- **MUDANÇA DE ASSUNTO:** O mentiroso tende a propor a mudança de assunto, na crença de que a questão será esquecida e a tensão, aliviada. Uma pessoa honesta tende a esclarecer a falsa acusação, já que não está envolvida no caso.

É importante destacar que nenhum desses indicadores pode, por si só, revelar um mentiroso. Fora de contexto, eles não têm muita serventia. Todos mostram o estresse e o esforço cognitivo que a pessoa que mente experimenta, mas, como já foi dito, isso pode ocorrer por outros motivos que não a mentira. Como há diferenças individuais significativas, é muito útil conhecer a "linha de base" do seu interlocutor.

PARA A
CANDIDATA

DO *SEXY* AO VULGAR: UMA LINHA TÊNUE

À MULHER DE CÉSAR NÃO BASTA SER HONESTA, TEM QUE PARECER HONESTA.

Júlio César

Quantas vezes já não ouvimos essa frase? Os profissionais da área de marketing adoram citá-la em palestras. Ela teria sido proferida pelo imperador de Roma, Júlio César, por volta de 60 a.C., ao saber que um admirador de sua mulher, Pompeia, teria entrado disfarçado no palácio.

O imperador, na época o homem mais poderoso do mundo, estava fora com seu exército, como sempre. Clódio – era esse o nome do incauto –, além de atrevido, era também ruim de direção: ele se perdeu dentro do palácio e foi preso pela guarda. Foi um escândalo. Os amantes foram levados ao tribunal. A contradição, segundo historiadores, é que César defendeu Pompeia perante todos, mas, no aconchego do lar, passou a repudiá-la. A quem o indagasse ele respondia prontamente: "À mulher de César não basta ser honesta, tem que parecer honesta".

Machismo à parte, o fato é que para as mulheres a cobrança é sempre maior. Do *sexy* para o vulgar é um pulo. Por isso, não se esqueça: um único deslize é capaz de pôr a perder anos e anos de trabalho duro.

Que o diga Angela Merkel, chanceler da Alemanha. Sempre discreta na forma de se apresentar em público, a nobre política deu uma única e fatal escorregadela: o decote de seu vestido virou notícia no mundo inteiro!

O dia fatídico foi a inauguração da nova Ópera de Oslo, na Noruega, em 2008. O caso foi tão comentado que o porta-voz do governo alemão foi obrigado a dar uma declaração sobre o "incidente". Afinal, trata-se de uma importante líder da Europa e da responsável por uma das economias mais importantes do mundo.

O decote do vestido de Angela Merkel não destruiu sua imagem, mas deu muito que falar. E, quando ela achou que o incidente já tinha sido esquecido, Vera Lengsfeld, candidata pela Conservadora União Democrata Cristã (CDU), causou grande incômodo ao partido com um cartaz de campanha exibindo o amplo decote da chanceler ao lado do seu. O *slogan* do cartaz era: "Nós temos mais a oferecer". Vera não foi eleita e a chanceler poderia ter dormido sem essa.

Todo cuidado é pouco.

A campanha política de Vera Lengsfelda reacendeu a polêmica que envolvera o nome de Angela Merkel.

Mas não são apenas as candidatas e ocupantes de cargos públicos que devem zelar por sua imagem. As mulheres, noivas e namoradas dos políticos também são constantemente observadas. Quem não se lembra da amiga de um certo ex-presidente que foi assistir a um desfile de carnaval sem calcinha? Foi assunto para meses. Portanto, atenção redobrada!

GUARDA-ROUPA BÁSICO DE CAMPANHA

- TERNINHO/*TAILLEUR*: Apesar de não precisar usá-las todos os dias, essas peças são necessárias em ocasiões e cerimônias mais formais. Os *tailleurs* tendem a deixá-la mais feminina, ao passo que os terninhos são mais práticos e permitem maior mobilidade. Devem ter um corte tradicional e cores neutras: azul-marinho, cinza de variados tons e preto. Você pode ter dois terninhos e dois *tailleurs*, ou um *tailleur* e dois ou três terninhos. Para variar nas produções, use lenços, camisas, blusas, broches e outros acessórios. Eles podem transformar um terninho em quatro.
- CAMISA: A camisa dá um tom mais formal à produção, seja usada com calças, seja com saias. O ideal é ter aproximadamente seis camisas. Elas podem ser lisas ou listradas, nas cores branca, azul-clara, rosa-claro, bege ou outro tom claro. O importante é que sejam sociais e tenham corte tradicional.
- CALÇA DE ALFAIATARIA: São calças que têm corte masculino e lembram peças feitas artesanal-

mente por um alfaiate, daí o nome. Para uma produção mais moderna e esportiva, podem ser usadas com blusas. Para compor *looks* mais formais, use-as com camisas; para um toque ainda mais formal, com blazer. Sugerimos uma calça azul-marinho e outra cinza-chumbo. Caso você deseje ter uma terceira tonalidade, vá de cinza-médio. As cores claras não são interessantes, pois sujam com muita facilidade.

- BLAZER: O blazer pode ser usado com calça *jeans* ou de alfaiataria e saia. Essa peça faz uma produção ficar ainda mais elegante. Acreditamos que dois blazers são suficientes.
- SAIA: Pode ser reta, de tecido estruturado e de cor escura, para *looks* mais formais, ou mais solta, de tecido mais mole e de cor clara, para *looks* mais informais. O corte da saia que fique melhor em você dependerá do formato de seu corpo. Mesmo que você não goste de usar saia, deve possuir pelo menos uma. Use-a com camisas sociais ou blusas mais formais.
- VESTIDO: Uma mulher deve ter vários vestidos. Por ser uma peça extremamente feminina e muito prática (basta colocá-lo, que você estará pronta para sair), recomendamos que você tenha pelo menos seis: quatro mais formais e dois casuais. Os formais têm corte mais social (estilo tubinho) e são feitos de tecido estruturado, como a lã fria ou o algodão mais grosso. Prefira os de tons neutros e coordenáveis com os blazers.

- **BLUSA ESPORTIVA:** Blusas desse tipo dão um ar mais moderno quando se decide usá-las com uma calça de alfaiataria ou uma saia mais reta. Elas também podem ser usadas com calças *jeans* em momentos descontraídos.
- **CALÇA *JEANS*:** Deve-se ter pelo menos duas calças desse tipo, uma clara e outra escura, ambas de corte reto e lavagem tradicional – nada de inventar moda com *jeans* rasgados e/ou manchados. Lembre-se: você precisa manter o ar de seriedade.
- **CINTO:** Deve-se ter dois cintos formais e dois informais, em couro, nas cores marrom-café e preto, para usar em *looks* mais formais. Você também pode ter cintos finos e coloridos para usar com os vestidos. Além de ser um excelente acessório, o cinto confere feminilidade à silhueta, pois marca a região da cintura. Mas cuidado: se você tiver uma barriguinha saliente, é melhor evitar usar o cinto, pois ele chamará a atenção para a região volumosa. Se você for baixinha ou magrinha, deve optar por cintos finos, mais proporcionais ao seu biótipo. Mulheres com quadris largos devem usar cintos de finos a médios, pois os largos acentuam os quadris e aumentam essa região do corpo.
- **ACESSÓRIOS:** Broches, brincos, colares e lenços são muito bem-vindos em qualquer produção feminina e devem variar de acordo com o estilo de cada mulher. O importante é que sejam dis-

cretos, pois, quando em campanha, a candidata deve aparentar seriedade e sobriedade. Claro que um toque de modernidade e descontração pode ser acrescentado, desde que com muita parcimônia.

- **SAPATOS:** Para o dia a dia, o ideal são os de saltos médios e mais grossos, que vão deixá-la mais confortável e elegante. Já os de salto bem fino devem ser usados somente em festas, se você não tiver pernas muito grossas – nesse caso, os saltos não ficam elegantes, pois, além de não acompanharem as pernas, parecem sempre prestes a quebrar.

Lembre-se de que, ao mudar os detalhes de sua produção (usar sapatos e bolsa de cores diferentes, um lenço no pescoço em vez de um colar de pérolas, etc.), você pode modificar completamente o seu visual. Os *looks* mais casuais podem ser adotados para churrascos ou fins de semana.

O importante é ter peças que possam ser combinadas. Por isso, ao montar seu guarda-roupa de campanha, tenha em mente que peças-chave de cores neutras e coordenáveis facilitarão muito a sua vida.

DETALHES DAS PRODUÇÕES FEMININAS

Os detalhes fazem toda a diferença. Eles podem destruir ou ajudar a consolidar a sua imagem como candidata.

Assim, os acessórios devem ter a mesma linguagem das peças-chave. Pérolas, por exemplo, devem ser sempre usadas com produções mais formais. Não dá para combiná-las com botas do tipo *cowboy* ou sandálias de praia.

Veja a seguir outras dicas importantes.

ALTURA DOS VESTIDOS E SAIAS

Seus joelhos devem ser o seu ponto de referência – as rótulas devem estar sempre em evidência para que você tenha uma imagem mais alongada, mais jovem e mais magra. Nem pense em usar saias de comprimento "longuete", que terminam bem no meio da panturrilha e deixam apenas um pedaço das pernas à mostra. Caso você não se sinta muito confortável em deixar os joelhos inteiros de fora, deixe pelo menos uma parte deles. Isso fará a diferença necessária.

BOLSAS

As bolsas não precisam necessariamente combinar com os sapatos e o cinto que compõem sua produção, mas devem ter a mesma linguagem da roupa. Por exemplo, se você estiver de terninho ou usando calça de alfaiataria e camisa, seu *look* será formal, e a sua bolsa deverá acompanhar essa proposta.

- Escolha bolsas de couro estruturadas e de tamanho médio. As cores devem ser discretas: as sóbrias são sempre uma opção mais segura e transmitem a credibilidade que você deseja.

- A bolsa-saco deve ser usada somente nos momentos de lazer e deve ser igualmente discreta, pelo fato de você estar em campanha.
- A bolsa deve acompanhar o seu perfil: se você for baixinha, sua bolsa deverá ser de tamanho pequeno a médio (no máximo); se for alta, a bolsa deverá ser de média a grande. Mulheres pequenas têm o péssimo hábito de usar bolsas grandes, pois acham que assim vão parecer maiores. Porém, o efeito é justamente o oposto: a bolsa as esconde e elas parecem menores ainda.
- Quanto menor a bolsa, mais social ela é. Se você for a algum casamento ou festa em que o traje estipulado for o social ou o *black-tie*, sua bolsa deverá ser pequena, bem rígida, sem alça e de tecido nobre (cetim, seda) ou de couro. Nesse caso, combiná-la com as sandálias é obrigatório.
- Se você estiver com uma roupa estampada ou de cores fortes, opte por bolsas neutras e mais discretas. Se, ao contrário, sua roupa for mais básica, suas bolsas devem ser chamativas para valorizar o visual.

SAPATOS

- Para fazer campanha, esqueça as sandálias rasteiras ou que deixem seus pés muito expostos e os tênis. Se quiser conforto, as sapatilhas com saltos de 2 cm são sua escolha mais elegante. Elas vão bem com saias, calças e vestidos.
- Certifique-se de que os saltos e os bicos dos sapatos não estejam gastos ou quebrados. Se ne-

cessário, mande-os ao sapateiro para pequenos reparos.

- Para o dia a dia, os saltos devem ser mais grossos e de altura mediana. Com eles, você ficará muito mais confortável. O salto agulha deve ser usado somente em eventos noturnos e caso você não tenha pernas grossas.
- Se você for baixinha, tiver pernas grossas ou canelas finas, evite usar sapatos com tiras no tornozelo, pois, além de serem linhas horizontais, que a cortarão na parte de baixo, chamarão a atenção para essa região.
- Quando usar meia-calça, calce sapatos do mesmo tom. Além de ser elegante, essa combinação deixará as suas pernas mais longilíneas e, consequentemente, você também.
- Sapatos pretos não devem ser usados com roupas muito claras.

Veja, na tabela a seguir, o modelo de sapatos ideal para você.

Características	Bicos	Saltos
Pernas finas e estatura média a alta	Quadrados ou redondos	Baixos, médios ou altos, de espessura fina a média
Pernas finas e estatura baixa	Ovais e compridos	Médios a altos, de espessura fina a média
Pernas grossas e estatura média a alta	Ovais e compridos	Baixos, médios ou altos e grossos
Pernas grossas e estatura baixa	Ovais e compridos	Médios ou altos e grossos

COLARES

- Os colares devem sempre acompanhar o formato do seu decote:
  - Tomara que caia dispensa o uso de colar. Se você fizer muita questão, opte por um modelo que fique em cima da clavícula (ossos popularmente chamados de "saboneteira").
  - Decotes redondos ou quadrados pedem colares com caimento de formato semelhante.
  - Decotes em "V" requerem colares mais longos e com o mesmo caimento, que não terminem antes da altura do decote.
  - Golas altas pedem colares longos, sem volume e que não caiam em cima dos seios.
  - Decotes canoa dispensam o uso de colares.
- Lembre-se de que "menos é mais": se você optar por um colar grande e/ou colorido, seus brincos deverão ser bem discretos.
- Se você tiver seios volumosos, seu colar não deverá terminar neles nem abaixo deles. Opte por colares que terminem no meio do colo, no máximo. Se, ao contrário, você tiver seios menos volumosos, poderá usar colares que agreguem informação a essa região do corpo.
- Se o seu pescoço for curto e/ou grosso, seu colar deverá ser de médio a comprido. Se tiver pescoço longo e/ou fino, poderá optar pelos mais curtos, para dar maior harmonia.

BRINCOS

Os brincos devem obedecer ao formato do rosto:

- Redondo: Seus brincos não devem agregar volume, portanto modelos vazados, longos e/ou finos são as boas escolhas.
- Oval: Brincos muito compridos alongam ainda mais o rosto. Por isso, prefira os de lóbulo ou de comprimento médio. Caso tenha um rosto oval comprido, opte por brincos mais volumosos.
- Diamante: Brincos de lóbulo são os melhores, pois esse tipo de rosto tem as maçãs saltadas e é bastante marcante. Evite os modelos finos e compridos. Quanto mais discretos, melhor.
- Retangular: Esse rosto precisa de volume. Brincos cheios e arredondados são a melhor pedida.
- Quadrado: É bastante anguloso e precisa ser suavizado. Os brincos devem ser de lóbulo ou curtos. Certifique-se de que a peça não bate na altura do maxilar, para não chamar a atenção para essa região.
- Triângulo: Como nesse tipo de rosto o maxilar é bastante proeminente e a testa é estreita, os brincos ideais são aqueles que ficam mais próximo do rosto, pois não trazem informação extra para a região mais larga.
- Triângulo invertido: Os brincos devem ter base larga e ser volumosos para equilibrar a região do maxilar (estreita) e a testa (mais larga).
- Para todos os formatos de rosto: Evite brincos que façam barulho, que tenham cristais colori-

dos, temas de bichinhos, lua, sol, estrelas, coração e demais figuras. Seu brinco deve condizer com a sua imagem: séria, adulta, segura e sóbria.

CINTOS

Lamentamos informar, mas cintos usados indiscriminadamente podem acabar prejudicando a sua imagem. Por isso, muita atenção!

- Independentemente da sua silhueta ou do seu perfil, nunca use cinto claro com calça escura. Além de não ficar elegante, cria uma linha horizontal no meio do seu corpo, que pode deixá-la achatada. Tons próximos são sempre mais aconselháveis.
- Não é necessário combinar os sapatos com a bolsa e o cinto, mas manter a mesma linguagem é essencial. Por exemplo, cinto de couro largo e com fivela grande dourada, no estilo *cowboy*, não deve ser usado com calça social e escarpim, mas ficaria ótimo com calça *jeans* e botas.
- Se você estiver acima do peso e tiver barriga saliente, nem pense em usar o cinto bem em cima dela, pois acabará atraindo mais atenção para essa região.
- Com roupa social sempre cinto de couro estreito e com fivela discreta, de preferência prateada e fosca.
- Deixe os cintos coloridos e com enfeites para usar dentro de casa, de preferência sem que ninguém veja.

- Mulheres de quadris muito largos devem usar cintos finos, independentemente de seu peso.

LENÇOS, CACHECÓIS E *PASHMINAS*

Foi com horror e perplexidade que o mundo soube da morte da bailarina norte-americana Isadora Duncan, em 14 de setembro de 1927. Aos 50 anos de idade, ela foi enforcada pela própria echarpe, que enroscou no pneu de seu carro conversível.

Isadora Duncan era uma estrela: revolucionou a dança. Ela dançava descalça e completava os movimentos com echarpes coloridas jogadas sobre os ombros. Mesmo com todo o sucesso e reconhecimento internacional, a vida de Isadora era recheada de tragédias. Teve dois filhos que morreram muito cedo, quando o automóvel em que estavam caiu no rio Sena, em Paris. Depois veio o suicídio de seu ex-marido, o poeta russo Sergei Esenin (1895-1925).

Uma bela homenagem à grande diva, que também lutou pelos direitos femininos, é usar bem e certo as echarpes e lenços, que ela tanto gostava. Usamos esse exemplo extremo para mostrar por que você sempre deve tomar cuidado ao usar lenços, echarpes e *pashminas*. Essas peças, se bem usadas, podem ser grandes aliadas na sua produção e causar mais impacto do que joias ou bijuterias. Se você acha que está com um *look* sem graça, experimente colocar uma delas e vai ver que tudo mudará.

Lenços, echarpes e *pashminas* podem ser usados de diversas maneiras: no pescoço, nos ombros, na cintura, na cabeça, etc. As maneiras de dobrá-los ou enrolá-los são inúmeras. Vá testando para descobrir o que fica melhor em você.

Veja a seguir algumas dicas para que eles não desvalorizem sua composição:

- Se você estiver usando uma roupa estampada, escolha uma peça lisa.
- Ao usar lenços, echarpes ou *pashminas* no pescoço, dispense brincos muito grandes e colares, que, além de poluírem o *look*, podem enroscar e complicar a sua vida.
- Ao se sentar para comer, lembre-se de tirar a peça, caso contrário você correrá o risco de eles serem mais um ingrediente no seu prato.
- Para produções mais formais, como terninhos, *tailleurs* e calças ou saias com blazers, as peças de seda e em tamanho pequeno a médio são a opção melhor. Já com uma bela calça *jeans*, você poderá usar uma peça grande, bem colorida e de algodão.
- Substituir uma jaqueta ou um casaco leve por uma dessas peças fará com que você se diferencie das demais mulheres.
- Aja naturalmente, como se a peça faça parte de você.

BROCHE

O primeiro broche pode ter nascido de forma muito prosaica. Pelo menos é isso o que muitos historiadores defendem. É que a peça nada tinha a ver com elegância, mas sim com praticidade, já que o homem precisava de algo para prender as peles de animais que protegiam seu corpo.

O primeiro broche, acredita-se, foi o espinho. Só na Idade do Bronze o acessório ganhou novos formatos.

Já os antigos gregos usavam uma fivela chamada de *fíbula*, em alusão ao osso da perna. O artefato fez tanto sucesso que romanos, celtas e outras tribos da Europa aderiram ao seu uso.

Ao longo do tempo, o broche foi evoluindo e ficando cada vez mais refinado. O mais importante avanço relacionado ao acessório foi o mecanismo do pino de segurança, criado em 1849 por Walter Hunt (1796--1859). O pino ficou conhecido como "fecho do milagre".

Embora o broche seja um acessório pouco explorado atualmente, pode dar muito charme à sua produção. Sua finalidade pode ser tanto decorativa quanto utilitária: prender um lenço, dar um colorido à produção, fechar um decote muito ousado, entre outras possibilidades.

Seja qual for o destino que você der ao broche, lembre-se de que:

- Ele não pode ter motivo infantil ou bichinhos coloridos, nem ser brilhante demais.
- Se você já estiver usando um colar, dispense esse acessório. "Menos é mais."
- Experimente usá-lo na gola, mas, caso opte por fazer isso, use brincos pequenos.

UNHAS

- As unhas devem estar sempre feitas e bem cuidadas.
- Ao escolher o esmalte, prefira tons neutros e mais suaves, para que suas mãos não roubem a atenção. Esqueça os esmaltes cintilantes ou de cores berrantes.
- Nem ouse colocar desenhos nas unhas. No máximo, uma francesinha bem discreta.
- Nunca roa as unhas nem puxe a cutícula com a boca, muito menos em público.
- Se tiver unhas esbranquiçadas ou muito quebradiças, consulte um médico, pois isso pode ser sintoma de doenças ou de deficiências nutritivas.

Unhas muito longas podem interferir negativamente em sua imagem e causar acidentes, além de ser um depósito de bactérias.

A norte-americana Lee Redmond, de Salt Lake City, estado de Utah nos Estados Unidos, ficou conhecida por suas unhas enormes. Ela entrou para o *Livro dos recordes* por ter as maiores unhas do mundo, com 8,65 m de comprimento, somadas as duas mãos. Em 2009, Redmond sofreu um acidente de carro, e as tão famosas unhas, que não eram cortadas desde 1979, quebraram. Tudo bem que as suas unhas podem não estar tão grandes assim, só que podem dar a mesma impressão estranha. Pense nisso!

CABELOS

Por suas tesouras já passaram, entre outros, Gisele Bündchen, Athina Onassis, Jô Soares, Aécio Neves e até o ex-presidente Luiz Inácio Lula da Silva e sua mulher Marisa Letícia.

O *hair stylist* Wanderley Nunes afirma que a mulher deve tomar muito cuidado para ser sempre discreta. No caso das candidatas a um cargo político, esse cuidado deve ser redobrado.

DICAS DE WANDERLEY NUNES

- A maior gafe é aparecer de cabelo sujo, feio e mal cortado, pois isso interfere negativamente na imagem.
- Um corte de cabelo pode rejuvenescer, mas o contrário também acontece. Por isso, todo cuidado é pouco.
- Candidata e mulher de candidato não podem ter "cara de rica". Devem adotar um visual o mais natural possível e manter a simplicidade.
- Para fazer qualquer tipo de corte, a mulher deve observar seu estilo e seu perfil: o corte "Joãozinho" (muito curto), por exemplo, não fica bem para quem tem um rosto mais duro. Outras possibilidades devem ser analisadas e discutidas com o profissional.

Outro *personal hair stylist* bastante requisitado é Celso Kamura. Em suas mãos forem entregues os cabelos das apresentadoras Ana Hickmann e Angélica, e da jornalista Patrícia Poeta. Também foi ele quem reinventou o corte da atual presidente da República, Dilma Roussef.

Para Kamura, uma candidata deve se preocupar com a credibilidade.

DICAS DE
CELSO KAMURA

- A maquiagem e o cabelo ajudam – e muito – a construir a imagem. O corte deve valorizar a anatomia da pessoa e a textura de seus cabelos. Além disso, deve ser prático.
- Penteado muito elaborado e que deixa o cabelo com aspecto "duro" nem pensar.
- Para sair, é bom usar uma pomada para baixar os fios arrepiados, que sempre interferem na imagem. Passe um pouco do produto nas mãos e aplique-o nos cabelos.

MAQUIAGEM

Celso Kamura defende uma maquiagem sempre leve: "O *make* deve ser leve e limpo. Para *make-up* é importante a candidata saber: a pele deve estar sempre sequinha e sem brilho, e ela deve ter à mão um pó compacto, pois na foto e na televisão o brilho pode dar a impressão de ela estar suada e cansada".

Já o maquiador Cayo Lanza acredita que uma maquiagem benfeita e sem exageros deixa qualquer pessoa mais jovem: "O *make* que tem muito brilho vai passar aspecto de oleosidade e a candidata parecerá suja. A mulher candidata ou acompanhante deve seguir a mesma linha de sobriedade e discrição, pois é o rosto que fala".

DICAS DE CAYO LANZA

- Menos é mais, principalmente em época de campanha. Jamais use maquiagem em excesso.
- Não usar maquiagem enquanto participa de programas de televisão é péssimo, pois é nessa hora que você precisa se valorizar. Tem ainda a questão da iluminação: quando a luz é mais fria, a pessoa fica apagada, abatida e isso exige mais cuidado. Quando a luz é quente, tudo fica mais favorável, mas mesmo assim é preciso se maquiar.
- Use sempre corretivo no tom da pele, pó compacto, bronze finalizador e um condicionador de boca. Você pode usar também delineador e rímel nos olhos e um batom cor de boca.

PERFUME: COMO ESCOLHER O CERTO?

DO NARIZ PARA O CORAÇÃO

Você conversa com uma pessoa e algo começa a incomodá-lo, mas não sabe dizer o que é. A pessoa vai embora e, com ela, o seu mal-estar. Isso mesmo! Era o perfume dessa pessoa que o estava incomodando. Toda vez que você vê a pessoa, quer fugir, pular pela janela, fazer qualquer coisa, menos ficar perto dela.

AS PESSOAS PODEM FECHAR OS OLHOS DIANTE DA GRANDEZA, DO ASSUSTADOR, DA BELEZA; PODEM TAPAR OS OUVIDOS DIANTE DE UMA MELODIA OU DE PALAVRAS SEDUTORAS. MAS NÃO PODEM ESCAPAR AO AROMA. ELE É O IRMÃO DA RESPIRAÇÃO, PENETRA NAS PESSOAS – ELAS NÃO PODEM ESCAPAR-LHE, CASO QUEIRAM VIVER. BEM DENTRO DELAS VAI O AROMA, DIRETAMENTE PARA O CORAÇÃO – QUE FAZ A DISTINÇÃO ENTRE ATRAÇÃO E REPULSA, HORROR E PRAZER, ENTRE AMOR E ÓDIO. QUEM DOMINASSE OS ODORES DOMINARIA O CORAÇÃO DAS PESSOAS.

Patrick Suskind, *O perfume*

Parece exagero, mas o perfume escolhido pode atrair ou repelir ouvintes. No caso de candidatos, a questão é muito mais séria.

Uma das artes mais difíceis do mundo é escolher a fragrância certa.

A especialista em perfumes, Renata Ashcar, curadora do Espaço Perfume Arte & História em São Paulo, dá dicas sobre o assunto:

Muitos perfumes são altamente enjoativos. Como identificá-los?

RA: Esses perfumes, em geral, contêm ingredientes mais densos, adocicados, como baunilha, chocolate ou mesmo os ingredientes que chamamos de "orientais", que podem ser especiarias ou condimentos oriundos dessa parte do mundo. Especiarias, condimentos, madeiras e resinas fazem parte desse grupo. A melhor maneira de saber se o perfume realmente agrada é testá-lo na própria pele. Para descobrir o real resultado de um perfume é preciso aguardar pelo menos uma hora após a aplicação. Nesse período de tempo, ocorre o desenvolvimento das três fases da difusão da fragrância: notas de saída duram no máximo 15 minutos; notas de coração são liberadas a partir do aquecimento da pele e duram 40 minutos; e notas de fundo são as mais tardias, porém as mais persistentes.

Como saber se aquela essência que fica tão bem na outra pessoa terá o mesmo efeito em você?

RA: Dica de ouro: jamais compre um perfume baseado no cheiro que ele tem em outra pessoa. O perfil genético, os hábitos alimentares, o grau de transpiração e até o temperamento de cada um afetam o aroma do produto. A mistura dos odores corporais com a fragrância resulta em diferentes cheiros. Um perfume nunca fica igual em outra pele.

Como escolher corretamente um perfume?

RA: Optar por um perfume sem ter uma ideia do que escolher é uma tarefa árdua. Com tantas opções disponíveis, não é fácil encontrar aquele que ficará em perfeita harmonia com o seu estilo. Por exemplo, quem gosta de doce quando criança provavelmente continua gostando até o fim da vida, embora experimente diferentes sabores. Com perfume é a mesma coisa: quem prefere os florais vai gostar deles para sempre, embora experimente diferentes aromas – pelo menos as evoluções dentro do mesmo tema.

Escolher perfume é como escolher roupa, maquiagem ou penteado: depende da personalidade, do estilo pessoal, da fase da vida, do estado de espírito. O perfume deve se harmonizar com o usuário, incorporar-se a ele, somar qualidades às que ele já tem.

Deve-se usar um perfume de dia e outro à noite?

RA: Leve sempre em consideração o clima da região onde vive e o horário em que usará a fragrância, se de noite ou de dia. O mesmo perfume pode ser adotado nos dois períodos, mas durante o dia é recomendado diminuir a quantidade. A exceção se dá para as fragrâncias exclusivamente "noturnas", que são intensas e marcantes e pedem uma produção sofisticada. Capriche nas escolhas:

» Dia: As colônias à base de ervas aromáticas, como lavanda ou alecrim, ou ainda as cítricas, com laranja, bergamota ou limão, são leves e suaves, evaporando mais rápido. Vale a pena também apostar nas fragrâncias que combinam flores e frutas.

» Noite: Se a ideia é que o perfume dure muitas horas, as melhores fragrâncias são aquelas elaboradas com ingredientes mais densos, como madeiras, resinas, flores nobres, e também as opções "gourmet", com notas de frutas adocicadas, chocolate ou baunilha. Como a fixação é maior, a evaporação é mais lenta.

Como aplicar o perfume e em que regiões?

RA: Aplique o produto no pulso – perfumes duram mais em pontos de maior pulsação, incluindo umbigo, nuca e área atrás dos joelhos. Se for o caso, pode-se aplicar no braço. Vale colocar um pouco de perfume na palma das mãos e espalhar fugazmente pelo corpo. Também vale perfumar o rosto: o aroma ficará em contato direto com o olfato do parceiro na hora do romance. Aliás, dizem que uma mulher deve passar perfume onde gostaria de ser beijada. Afinal, em matéria de sedução, o perfume é um poderoso aliado.

Qual a quantidade correta?

RA: Nunca se deve exagerar na dose, mas a quantidade correta depende muito do tipo de perfume e da ocasião. Obviamente, perfumes mais leves com ingredientes cítricos ou lavanda, por exemplo, evaporam rapidamente na pele e podem ser usados em maior quantidade. Já os perfumes mais densos e encorpados, com ingredientes mais intensos, como madeiras, resinas, *musk* e âmbar, por exemplo, devem ser evitados em grande quantidade.

MULHERES E PIONEIRISMO

A luta das mulheres na política do Brasil é, olhando pela ótica da história mundial, uma reação recente.

Foi somente em 1932 que as mulheres conquistaram o direito ao voto e puderam se candidatar a cargos políticos. A primeira mulher a ser eleita e a tornar-se deputada federal foi a médica Carlota Pereira de Queirós. Ela foi reeleita, mas teve o mandato suspenso pelo golpe de Getúlio Vargas, que fechou o Congresso Nacional. A luta das mulheres por direitos fundamentais ainda estava longe de terminar.

Em 1962, com o Estatuto da Mulher Casada, foi dado às mulheres o direito de poder viajar sozinhas,

sem a autorização do marido. Acredita?! Só na Constituição de 1988 a emancipação feminina ocorreu de fato, com a equiparação de mulheres e homens em direitos e obrigações.

Depois de tanta luta, nada mais justo do que a mulher conquistar seu merecido lugar no poder. Para ajudá-la a fazer isso, daremos a seguir algumas dicas de como disfarçar alguns atributos físicos (ou a falta deles).

SEIOS VOLUMOSOS

- Use sempre vestidos e blusas com decote em "V", assim você diminui e suaviza o tamanho dos seios. Só tenha cuidado com o tamanho do decote. Lembre-se sempre da linha tênue entre *sexy* e vulgar.
- Use blusas mais soltas de tecidos leves.
- Evite golas muito altas, que cobrem o colo e aumentam visualmente o tamanho dos seios.
- Não use mangas que terminem na altura do busto, pois você chamará mais atenção para eles.
- Evite volume na altura do busto, como texturas, babados, estampas, pregas e bolsos. Para que agregar mais volume à região?
- Procure não usar boleros, *spencers*, blazers e coletes muito curtos, pois eles criam uma linha horizontal logo abaixo dos seios e acabam fazendo com que pareçam maiores.

- Evite calças, saias e vestidos de cintura alta, pois vão destacar seus seios. Cintos largos também não são indicados.

SEIOS POUCO VOLUMOSOS

Para aumentar visualmente seus seios, há inúmeros truques, como os indicados a seguir:

- Prefira blusas, camisas e camisetas com detalhes na altura dos seios, como bolsos, estampas, texturas, babados, etc.
- Opte por blusas mais fechadas, com decote canoa ou careca, gola alta, etc.
- Ao usar decotes abertos e profundos, certifique-se de que não deixem muito do colo à vista. A regra é: quanto mais colo em evidência, menos volumosos os seios parecerão.

BARRIGA SALIENTE

O excesso abdominal é um mal que atinge muitas mulheres. Sem o devido cuidado, pode até parecer barriga de grávida. Veja como disfarçar esse problema:

- Chame a atenção para os ombros com ombreiras, colares interessantes, brincos bonitos, etc.
- Use:
  - Calcinhas altas, que ajudam a segurar a barriga.
  - Blusas e casacos soltos.
  - Blazers e casacos abertos.
  - Camisa levemente solta por dentro da calça ou da saia.

- Túnicas ou *tops* no estilo blusê, que são blusas soltinhas que têm a barra mais estreita que o corpo da roupa. Obviamente, a barra deve ficar abaixo da barriga, na altura do ossinho do quadril. Se a blusa tiver a barra na altura da barriga ou logo abaixo dela, o efeito não será positivo, pois evidenciará ainda mais as gordurinhas.
- Calças e saias de cintura média. Nem pense em usar peças de cintura baixa, pois sua barriga vai pender sobre o cós, e isso definitivamente não é elegante.
- Peças lisas, principalmente na região da barriga.
- Vestidos de corte império, que são presos logo abaixo dos seios e caem soltos, disfarçando a barriga. Esses vestidos lembram os da época da corte, daí o nome "império".
- Cintos discretos, com fivelas mais discretas ainda.
- Saias de tecidos moles e levemente abertas, que caem melhor do que calças.

Evite:

- Blusas e casacos muito justos ou que marquem a cintura. Essas peças devem ser levemente acinturadas, para que a sua figura não fique pesada.
- Cintos colocados em cima do abdome, pois dão a impressão de que você é a Mamãe Noel.
- Cintos caídos ou muito largos.

QUADRIS LARGOS

Essa é outra característica considerada negativa, mas, se for bem trabalhada, pode deixá-la extremamente feminina.

- Use:
  - Calças retas em cores neutras e escuras, de tecidos leves. O corte reto da calça cria uma linha contínua, que sai do seu quadril e acompanha as pernas até o tornozelo. Na cor escura, ela diminuirá a área visual do seu quadril e o tecido fluido não agregará volume ao seu corpo, deixando-o com aspecto mais leve.
  - Blusas, camisas, blazers, jaquetas e demais partes de cima devem ser em cores mais claras, com estampas, texturas, babados, para que a atenção seja retirada dos quadris. Mas atenção: essas peças não devem terminar na parte mais larga dos quadris, para não aumentá-lo.
  - Saias e calças sem bolsos laterais (os famosos "bolsos faca"), que agregam mais informação para essa região. Se a peça for um pouco mais justa do que deveria, os bolsos se abrem quando você anda, ficando extremamente deselegante.
  - Saias e calças sem cós, pois a linha horizontal criada por elas aumenta a região. Dê preferência a detalhes verticais nas calças e saias, como estampa risca de giz, vinco, pespontos, entre outros.

- Evite:
  - Pulseiras muito grandes, largas e chamativas, pois, quando o braço está esticado ao longo do corpo, a pulseira fica bem ao lado do quadril e chama mais a atenção para ele.
  - Cintos na altura dos quadris criam uma linha horizontal na região, aumentando-a e deixando o *look* pesado.
  - Calças e saias de cintura baixa, pois aumentam visualmente os quadris e as coxas, deixando o visual desequilibrado.

BAIXA ESTATURA

A maioria das mulheres com essa característica adora usar brincos e bolsas grandes, peças com estampas maiores ainda, cabelos compridos... Enfim, elas adoram se esconder.

O importante é manter a harmonia e tirar vantagem da estatura baixa. Preste atenção:

- Os acessórios devem acompanhar o tamanho da pessoa, por isso as baixinhas devem optar pelos de tamanho pequeno. Se achar que acessórios pequenos são impraticáveis, escolha os de tamanho médio. Uma bolsa muito grande fará com que você fique menor ainda. O mesmo vale para os brincos.
- Use linhas verticais estreitas e de pouco contraste ao longo das peças, como risca de giz, vincos nas calças, listras nas camisas, bolsas de alça comprida, etc.

- *Looks* monocromáticos ou de tons visualmente próximos formam uma coluna que passa a sensação de continuação, deixando a pessoa mais comprida.
- Os casacos, blazers, blusas e jaquetas não devem ser muito compridos. A altura ideal é o ossinho da bacia.
- Saias e bermudas devem terminar acima dos joelhos. Quanto mais de sua perna ficar à mostra, mais alta você parecerá. Nunca use nada de comprimento longuete, pois, além de encurtar a sua silhueta, esse tipo de modelo pode envelhecê-la.
- Opte por decotes em "V" profundo, pois criam uma linha vertical que ajuda a alongar. Atenção para as características dos seus seios: se forem muito grandes, cuidado para não revelar demais.
- Use saltos baixos a médios para não parecer estar tentando se equilibrar em alguma coisa. Tudo deve ser proporcional.

ALTA ESTATURA

As mulheres com esse perfil geralmente não gostam de ser o centro das atenções, mas isso é inevitável, pois, no nosso país, o mais comum é ver mulheres com estatura baixa ou mediana.

Para valorizar o seu tipo, siga estas dicas:

- Abuse dos contrastes de cores entre as peças: calça preta com camisa branca, saia cinza-escuro com camisa azul-clara, e assim por diante. Essa diferença de tons ajuda a criar uma linha horizontal no meio da silhueta e a encurtar visualmente o corpo.

- Linhas horizontais, como cintos contrastantes, barras italianas, listras nas blusas, calças mais curtas, como o modelo "pescador", são alguns dos truques que podem deixá-la mais baixa.
- Ao comprar ou vestir uma peça estampada, opte por formas médias e grandes, para que seu corpo não pareça ainda maior. O mesmo deve ser observado quanto aos acessórios, principalmente bolsas e brincos. Os pequenos darão o efeito de um corpo maior. Já pensou no efeito de uma formiga dentro de uma sala de estar? A relação com as estampas é a mesma.
- A sobreposição de cores e peças cria contrastes e a área visual do seu corpo parecerá menor.
- Use salto de qualquer altura. Tudo vai depender do seu objetivo: quer chamar a atenção ou ser mais discreta? No caso das mulheres mais altas, o que mais importa no quesito salto é a largura: se as pernas forem grossas, os saltos deverão ser mais largos; se forem mais finas, deverão ser mais estreitos, pois saltos grossos podem ficar pesados demais.

SOBREPESO

Uma frase sempre dita a pessoas com sobrepeso é: "Preto emagrece". No entanto, não é bem assim. Uma mulher de vestido balonê preto[8] de cetim fica enorme!

Siga as dicas abaixo e veja como alguns truques podem ajudá-la a afinar a silhueta:

- Use listras verticais estreitas e sem muito contraste nas peças em geral: saias, calças, camisas, vestidos, blazers, etc. Se forem grossas e tiverem muito contraste entre si, as listras aumentarão e a farão parecer uma sanfona.
- O decote em "V" é um recorte vertical que ajuda a alongar e afinar a silhueta. Cuidado apenas para não exagerar na profundidade.
- Estampas geométricas angulosas de tamanho médio em fundo escuro são ideais para afinar, pois tanto o tom escuro quanto o formato anguloso reduzem a área visual. Já as estampas arredondadas são um desastre, pois provocam o efeito contrário.
- Tecidos leves e fluidos são excelentes para quem está com alguns quilos a mais, pois caem sobre o corpo sem marcar nem agregar volume extra. Prefira as tonalidades médias a escuras, que diminuem a área visual.
- Calças e saias de cintura média seguram o excesso de gordura abdominal e mantêm a elegância da produção. As calças de modelo reto

---

8 Saia que parece um balão inflado.

são a melhor opção para as gordinhas, pois seu corte acompanha as linhas do corpo, ou seja, não aumentam.

- Use calcinhas altas para segurar a barriguinha e dar melhor caimento à peça.
- Quem está muito acima do peso e com dificuldades de vestir calças *jeans* de modelagem feminina pode recorrer aos modelos unissex, que têm cintura e pernas em medidas maiores.
- Camisas, blusas, blazers e jaquetas levemente acinturados dão uma forma mais feminina ao corpo.
- Use saltos que acompanhem o formato das pernas. Quem tem pernas grossas ou está com sobrepeso não deve usar sapatos de saltos finos ou agulha, pois eles podem provocar o "efeito coxinha". (Imagine o palito que segura o corpo do salgadinho. Evite que isso aconteça com você.) Dê preferência a saltos médios e grossos.
- Os bicos dos sapatos também devem acompanhar o formato das pernas. Dê preferência aos ovalados e compridos. Os de bico fino ficam muito esquisitos, pois destoam demais da espessura das pernas.
- *Looks* monocromáticos ou de tons próximos ajudam a criar a sensação de continuidade, pois neles não há linha horizontal que interrompa a silhueta. Esse tipo de produção pode fazê-la parecer mais longilínea. Apenas se lembre de usar

acessórios coloridos para ficar com um visual interessante.

- Vestidos e blusas de alças médias a largas mantêm a proporcionalidade entre o corpo e a roupa, deixando-a mais confortável e elegante. Somente as magras e *mignons*, com seios pequenos, podem se dar o luxo de usar roupas de alças finas.
- Chamar atenção para rosto e acessórios é outro truque bastante recomendado. Para tirar o foco do seu corpo, capriche no corte de cabelo e na maquiagem. Além disso, use sapatos e bolsas maravilhosos, que farão a atenção recair sobre eles.
- Use sempre acessórios leves e simples. Dê preferência às peças geométricas angulosas. Evite pérolas, contas e tudo o que tiver formato arredondado.

MAGRAS

A maioria das pessoas acha que mulheres magras são muito sortudas, pois podem usar qualquer tipo de roupa ou acessório. Surpresa: não é bem assim!

Mulheres que estão abaixo do peso considerado ideal devem tomar alguns cuidados:

- Use tecidos estruturados para dar mais volume ao corpo. Dessa forma o visual ficará mais equilibrado. Os tecidos muito molengos, leves e fluidos acentuam as características do corpo.

- Coletes e paletós devem ser usados desabotoados para dar mais volume à silhueta.
- Abuse de sobreposições, principalmente se você tiver estatura média ou alta. Peças sobrepostas ajudam a dar volume e a alargar visualmente o corpo, em especial se as peças tiverem cores diferentes. Lembre-se de que na sobreposição o tecido mais pesado deve sempre ficar por cima do mais leve.
- Use peças de cores claras, pois elas fazem a área parecer maior. É por isso que se diz que "branco engorda".
- Opte por sapatos de bico redondo ou quadrado. Ao contrário dos bicos finos e ovais, esses formatos fazem suas pernas parecerem mais grossas. Mas cuidado: se você tem pernas curtas, eles não são recomendáveis.
- Prefira saltos mais finos, que acompanhem o formato das suas pernas. Os muito grossos darão a impressão de que você faz muito esforço para levantar as pernas ao caminhar. Lembre-se de que equilíbrio e harmonia são pontos-chave da elegância!
- Peças com detalhes horizontais devem ser usadas com muita cautela, especialmente se você, além de magra, for baixinha. Cintos contrastantes, listras, barras italianas, entre outros detalhes desse tipo, podem cortar sua silhueta, alargando-a e achatando-a.

- Pregas e outros detalhes que agreguem volume ajudarão você a dar uma encorpada sem precisar fazer musculação.

Lembre-se de que o ideal é passar a imagem de uma mulher forte, equilibrada e capaz de comandar territórios e pessoas. Uma mulher com aparência muito magra passará a imagem de fragilidade e, para uma política, isso não é bom.

MARY TODD LINCOLN (1818-1882)

Os historiadores relatam que o namoro de Mary com Abraham Lincoln foi bem tumultuado e que eles teriam, inclusive, rompido por algum tempo, por causa do gênio forte e imprevisível da jovem.

A vida de Mary foi marcada por várias tragédias: ela perdeu a mãe ainda na infância, e apenas um de seus quatro filhos sobreviveu e chegou à fase adulta. Para culminar o rosário de infortúnios, ela viu o marido ser assassinado com um tiro, no Teatro Ford, em Washington.

Tudo isso já daria uma novela.

Entretanto, o que manchou a biografia da ex-primeira dama e a tornou famosa foram seus gastos excessivos: documentos da época atestam que Mary era uma compradora compulsiva e gastava uma verdadeira fortuna em roupas e joias. E o que era pior: ela fazia isso em plena Guerra da Secessão, enquanto milhares de soldados eram mutilados, feridos ou abatidos como touros.

A imprensa da época não perdoava e fazia duras criticas aos gastos astronômicos da mulher de Abraham Lincoln com a vestimenta. Mas a extravagância de Mary se estendia também à decoração – ela viajou várias vezes para Nova York em busca de peças para enfeitar a Casa Branca.

Moral da história: você pode fazer muitas coisas certas na vida, mas somente as criticáveis entram para a história.

Assim, se você está concorrendo a um cargo político ou é esposa de um candidato, deve se lembrar de que é o centro das atenções, que está constantemente na mídia e em contato direto com um número muito grande de pessoas. Por isso, tenha cuidado com a sua postura e a roupa que veste.

Veja a seguir algumas dicas de *looks* que você deve evitar a todo custo.

- DECOTES: Claro que você não precisa vestir uma blusa toda fechada, mas deve ficar atenta para não deixar o colo ou, o que é pior, parte dos seios à mostra. Usar um decote discreto é muito elegante e não vai dar o que falar!
- FENDAS: Não use saias com fendas exageradas no dia a dia da campanha. Uma pequena abertura lateral ou traseira para dar charme e maior mobilidade é permitida, mas nada de criar um *look* de "mulher fatal".
- TRANSPARÊNCIAS: Durante a campanha, o foco deve recair em sua habilidade de conduzir bem o município, estado ou país, ou seja, seu trabalho como política. Usar peças transparentes vai desviar a atenção de seus eleitores, além de revelar "informações" totalmente desnecessárias à sua candidatura. Se você for esposa de um candidato, pense que a atenção da mídia e do povo deve se voltar para o bom trabalho dele, e não para o seu corpo. Portanto, contenha-se.

- BRILHOS: Peças com paetês devem ser usadas fora do ambiente de campanha. Um brilho ou outro é aceitável, mas quanto menos melhor.
- ROUPAS MUITO JUSTAS E/OU MUITO CURTAS: Esse tipo de peça não transmite a seriedade necessária e pode tirar o foco do seu eleitorado. Opte por saias até quatro dedos acima do joelho e mais soltas no corpo.
- VESTIDOS EXAGERADOS: Tenha especial cuidado com os muito florais, do tipo "dia no campo".
- BARRIGA À VISTA: Deixe para mostrá-la na praia ou nos fins de semana em família.
- POCHETES: Essas peças dispensam comentários, de tão feias.
- SANDÁLIAS de tiras muito finas, de salto agulha e rasteiras.
- MULES, CHINELOS E TAMANCOS (principalmente os que fazem barulho).
- TÊNIS: use-os somente para praticar atividade física.
- MUITAS BIJUTERIAS OU JOIAS, principalmente as que fazem muito barulho.

DINHEIRO NÃO É TUDO

O IMPORTANTE É TER
BOM GOSTO E ESTILO

Jacqueline Kennedy sempre foi considerada o máximo em matéria de elegância e estilo. A primeira-dama mais imitada da história dos Estados Unidos inovou e chegou ao patamar mitológico. Só que os gastos de Jackie também eram altos. Até o multibilionário grego Aristóteles Onassis, seu segundo marido, reclamava das contas.

Vestido comprado por Kate Middleton em uma loja de departamento.

Na contramão da história, surgiu Michelle Obama, mulher do presidente norte-americano, Barack Obama: ela já assumiu que gosta de mesclar vestidos de lojas populares com os de estilistas famosos. E, mesmo sendo alvo de algumas críticas, Michelle não abriu mão de suas opiniões.

Para reforçar a teoria de que "vestir bem e gastar pouco" é uma boa ideia, veio Kate Middleton, a plebeia que conquistou o coração do príncipe William. Kate não nasceu na realeza e, portanto, não tem direito ao título de princesa. Sempre discreta e bonita, Kate também surpreendeu o mundo com belas roupas e um estilo clássico e elegante.

Mas essa não foi a única surpresa: Kate Middleton adora uma pechincha. Um dia antes de se casar com William, ela foi flagrada comprando vestidos para a lua de mel em lojas de departamento.

ELEGÂNCIA TAMBÉM SE MEDE EM OUTROS ASPECTOS

Nas eleições para a presidência dos Estados Unidos, contra Barack Obama concorreu o candidato republicano John McCain, cuja vice era Sarah Palin. E qual não foi o constrangimento, em plena campanha eleitoral, quando McCain foi obrigado a declarar que Sarah tinha devolvido parte do guarda-roupa que ela ganhara do partido!

Segundo McCain, o que não foi devolvido foi doado para instituições de caridade. Os mimos foram avaliados em torno de US$ 150 mil. Em um comício na cidade de Tampa, Sarah declarou: "Não vou mais usá-las. Uso minhas próprias roupas, que compro na minha loja preferida, em Anchorage (Alasca)". De nada adiantou a declaração: o estrago já estava feito.

Independentemente do seu gosto ou do seu poder aquisitivo, o importante é descobrir qual é o formato do seu corpo para assim valorizá-lo.

FORMATOS DE CORPO FEMININO

- AMPULHETA: Esse formato de corpo é considerado o ideal feminino. Os ombros e quadris são alinhados, as curvas suaves e as coxas proporcionais. A cintura é aproximadamente 25 cm menor do que as medidas do busto e dos quadris. Algo como 90 x 65 x 90: um sonho de consumo!

  Dica: Nessa silhueta tudo é bem distribuído. Os objetivos, ao trabalhá-la, devem ser manter o equilíbrio natural do corpo, valorizar a feminilidade e destacar a cintura com peças e acessórios para deixá-la bem leve.

- PERA (TRIÂNGULO): Nessa silhueta, os ombros são mais estreitos que os quadris. Em geral, os seios são pequenos, as costas são estreitas, a cintura é fina e as pernas são grossas. Mulheres com esse tipo de silhueta costumam engordar nas nádegas, nas coxas e nos quadris, mantendo uma desproporção com a parte superior do corpo.

  DICA: Para deixar essa silhueta mais próxima do formato de ampulheta, deve-se alargar o tronco com cores mais claras. Blusas, camisas, casacos, jaquetas e blazers devem ter detalhes, como texturas diferentes e estampas. As calças e saias devem ser de corte reto, tecidos fluidos e cores mais escuras e neutras, sem detalhes que agreguem informação e volume, como bolsos laterais, pregas, cós e cintos contrastantes. Além disso, a cintura destacada e valorizada deixará você com uma silhueta mais leve e o corpo bem feminino.

- Para ambos os formatos curvilíneos, devem predominar no guarda-roupa vestidos acinturados ou de corte "envelope", que valorizam muito a silhueta e a deixam bem leve.
- TRIÂNGULO INVERTIDO: Nesse caso os ombros são mais largos do que os quadris e as coxas. Os seios são geralmente grandes e as costas mais largas. A cintura é praticamente inexistente e fica na linha dos quadris. Mulheres com essa silhueta geralmente engordam na parte superior do corpo.

  DICA: Deixe os ombros mais estreitos com decotes em "V", blusas, camisas, casacos, blazers e jaquetas em tons mais fechados e sem muitos detalhes. Além disso, desvie a atenção para os quadris e as pernas com calças e saias de cintura mais baixa, estampadas e com detalhes que agreguem volume, como pregas e bolsos laterais.

- RETÂNGULO: Nessa silhueta, a cintura é inexistente e as linhas dos ombros, cintura e quadris têm praticamente as mesmas medidas. Mulheres com essa silhueta engordam por inteiro. Uma variável é a silhueta semirretangular.

DICA: Nesse caso, precisamos dar um pouco de curvas ao corpo, desviando o foco para a cintura e os quadris. Não é preciso pensar em aumentar ou diminuir ombros e quadris para dar equilíbrio. Use saias e calças de cintura baixa, além de peças que não marquem a cintura, mas criem uma nova, como vestidos com saias mais armadas e estruturadas, cintos no quadril, casacos e blazers abertos. Os vestidos também podem ter um caimento mais reto, pois desse modo o observador não conseguirá dizer se há ou não cintura, o que é positivo.

OVAL: Nessas silhueta a região da cintura é mais larga do que os ombros e os quadris. As pernas geralmente são finas em relação à parte superior do corpo e são bem desenhadas. Mulheres com essa silhueta geralmente têm seios grandes e nádegas pequenas. Uma variável é o tipo diamante, em que os ombros são caídos.

DICAS:

• Apesar do nome, a silhueta oval está classificada entre as retilíneas, pela falta de cintura e pelo excesso de volume na região abdominal. As pernas geralmente são muito bem torneadas e bonitas. Por isso, um dos pontos que destacamos nessa silhueta são as pernas, que permitem abusar de saias e vestidos acima dos joelhos.

• Outro truque é tirar a atenção do meio do corpo e levar o foco para os ombros e o rosto: deixe o colo à mostra, capriche em acessórios, como brincos e colares, e esteja sempre bem maquiada e com cabelo impecável. Nada de cintos, peças que atraiam a atenção para seu abdome ou cintura, nem de estampas na parte superior do corpo.

É PERIGOSO
OUSAR DEMAIS

É o famoso 8 ou 80: Cristina Kirchner deveria estar vestindo algo mais formal, ao passo que Hillary Clinton, de postura normalmente rígida, deveria abrir mão de peças que tendem ao masculino (blazer mais comprido e de corte reto com calça de alfaiataria), em cores sóbrias e neutras. Com esse tipo de traje, ela parece um homem, imagem que, para ela, é desnecessária. As duas precisam de um equilíbrio na imagem.

Algumas coisas definitivamente não combinam com certas pessoas. Pare e pense em Marina Silva, ex-ministra e ex-candidata à presidência da República, por exemplo. Ela passou algum tempo desfilando com estolas de pele e ostentando sapatos de Imelda Marcos, que não ornavam com seu estilo.

Cristina Kirchner e Hillary Clinton: deu para entender a diferença?

Certamente, não era essa a imagem que ela deveria passar, já que era defensora ferrenha do meio ambiente.

Agora imagine se a presidente Dilma Roussef tivesse tomado posse de burca[9] ou usando um vestido rosa curtíssimo.

Dilma, sabendo da necessidade de aprimorar seu estilo, preparou-se muito antes da campanha. Emagreceu mais de 10 quilos, fez cirurgia plástica no rosto, mudou o corte de cabelo e a maquiagem e, principalmente, os tons de suas roupas. Portanto, não subestime esse passo na sua transformação. Acredite no poder e na influência das cores.

A IMPORTÂNCIA DAS CORES NA IMAGEM

Inconscientemente, as pessoas reagem de modo unânime às cores.

Um dos exemplos mais marcantes são as cores utilizadas pela rede McDonald's. É científico: o amarelo provoca ansiedade e o vermelho gera fome. Resultado: os dois, juntos, formam a receita perfeita para um *fast-food*: come-se bastante e rápido. Afinal, tempo é dinheiro.

Também na vestimenta as cores passam suas mensagens. Veja, por exemplo, o caso de Dilma Roussef. Antes de iniciar a campanha presidencial, só usava cores escuras e neutras, o que acentuava ainda mais a

---

9 Roupa tradicional usada pelas mulheres nos países muçulmanos, que cobre todo o corpo e o rosto.

sua personalidade rígida e tradicional. Ao passar a usar cores mais suaves, ela conseguiu "quebrar" o ar sisudo e tornar-se mais simpática, aproximando-se mais de seu eleitorado.

Já Cristina Kirchner, presidente da Argentina, tem uma personalidade "borbulhante". Ao usar cores vivas e claras, ela pode ter certa dificuldade em passar seriedade. Por isso, ao contrário de Dilma, Cristina deveria investir em cores sólidas, sóbrias e neutras.

Veja as dicas a seguir para compor uma imagem formal ou mais informal.

- Para uma imagem mais formal, prefira cores escuras e sólidas, como preto, marinho, cinza-chumbo, vinho, etc. Essas cores projetam, de forma positiva, uma imagem de autoridade, seriedade, respeito, credibilidade, sofisticação e força, mas também, de forma negativa, autoritarismo, arrogância e falta de abertura. Para usá-las, você precisa definir a mensagem que deseja passar ou o efeito que deseja causar e harmonizá-las, mesclando cores escuras com tons mais claros e suaves.
- Para passar uma imagem mais casual e suave, use cores claras, como azul-claro, rosa-bebê, bege, etc. Quanto mais clara for uma cor, mais proximidade você projetará. Ela passará a imagem de que você é uma pessoa descontraída, flexível, aberta e leve. Mas cuidado: ela também poderá passar a mensagem de alguém frágil e submisso. Quem tem uma imagem bastante

dura e antipática deve investir nessas cores. Elas também são ideais para projetar a imagem de pessoas mais jovens. Mas atenção à influência das cores. A consultora de moda Érica Minchin fala do impacto do rosa:

> Cuidado para não transmitir ingenuidade demais. Na verdade, as cores devem ser trabalhadas em conjunto com o resto da roupa. Se for uma camisa bem clássica, fechada, de gola e colarinho bem estruturados e angulares, o rosa servirá para quebrar isso. Mas, em uma blusa de tecido maleável, com um decote mais arredondado, ou até um detalhe bem feminino, como uma gola laço, por exemplo, você poderá ficar feminina demais e ingênua em excesso.

Érica Minchin também chama a atenção para as cores terciárias, que projetam maior sofisticação:

> Quando você não consegue definir exatamente uma cor, por exemplo, um "azul-acinzentado-esverdeado", aquela cor demonstra maior cuidado para ser produzida e, portanto, parece mais fina e elegante do que um vermelho puro, por exemplo.

TESTE DAS CORES: QUAL FICA MELHOR EM VOCÊ?

Pensa que é só montar uma tabelinha com as cores que combinam mais entre si e já sair desfilando? Ledo engano! A definição precisa de um estudo, de preferência feito por um profissional, que vai mostrar qual cor valoriza e realça seus traços, ou qual cor vai apontar e aumentar seus defeitos.

A cor certa pode, por exemplo, minimizar as olheiras e marcas de expressão, deixar a pessoa mais jovem e dar um aspecto mais saudável. Isso ocorre porque as cores refletem luz.

As peças que ficam próximas do rosto são aquelas com as quais você deve tomar mais cuidado, pois os reflexos podem ser tanto negativos quanto positivos.

Se você não quer ou não pode contratar um profissional para fazer esse trabalho, faça o seguinte teste:

1) De rosto lavado, cabelos presos e blusa branca, vá para a frente do espelho em um local bastante iluminado.
2) Pegue alguns tecidos de tons diferentes e coloque-os bem abaixo do seu queixo e veja o que acontece com seus lábios, bochechas e com suas olheiras. A cor correta vai iluminar seu rosto.

A consultora Érica Minchin alerta que a luz usada para o teste de cor deve ser a natural. Tome cuidado também com o fundo: se ele não for neutro, poderá afetar o resultado.

CONHECER AS CORES

Outro fato científico interessante relacionado às cores é que o estímulo colorido, depois de captado pelos olhos, é conduzido ao cérebro e ali produz transformações bioquímicas, resultando em sensações psíquicas e somáticas. Por isso, determinada cor remete à limpeza ou à paz, outra nos leva à excitação, à fúria, etc. Conhecer essas "mensagens coloridas" pode ajudá-la a escolher o tom que melhor se comunica com seu público, dependendo da ocasião.

Entretanto, essa é apenas uma orientação geral. Érica Minchin alerta que devemos ter todo o cuidado ao recomendar uma cor específica para uma pessoa, porque tudo depende muito dos tons de sua pele e de seus cabelos:

> Afinal, duas pessoas podem ter a pele branca e o cabelo escuro, ou uma ter a pele quente e suave e a outra fria e intensa, por exemplo. Basicamente, todo mundo pode usar todas as cores, mas existe um valor, uma intensidade e uma temperatura certa para cada tipo de pessoa.

Agora conheça as cores um pouco melhor.

- PRETO: Desde que Coco Chanel deu vida ao "pretinho básico", a vida ficou mais prática para as mulheres. O preto ajuda a emagrecer, dar mais seriedade e transmitir uma mensagem de austeridade. Porém, reiteramos: se a mulher já tem uma imagem séria e determinada, o preto pode torná-la impenetrável e severa demais. O mesmo vale para as cores azul-marinho, verde-musgo, cinza-chumbo, etc. Uma boa saída é usar um acessório que "quebre" um pouco a cor escura, como um lenço colorido, um cinto de outra cor, uma bolsa de cor mais viva, etc.
- MARROM: As morenas de pele mais escura e as negras devem tomar cuidado com essa cor, porque ela não vai acrescentar muito. Já as loiras podem ser muito beneficiadas pelo marrom,

por causa do contraste com os cabelos claros. Não se esqueça de que tudo vai depender do tom de marrom, da cor da pele, cabelos e olhos da pessoa que o usar. O marrom remete a estabilidade e confiabilidade. Combiná-lo com azul-claro pode ser bem interessante. Não custa tentar.

- **VERMELHO:** Essa cor transmite poder, sexualidade e vitalidade, iluminando o rosto. Mas cuidado: se for muito vivo, pode despertar atenção demasiada e comprometer a mensagem que você deseja transmitir. Existem muitos tons de vermelho e várias maneiras de usá-los. Um vestido vermelho escarlate chama muito a atenção, mas um lenço vermelho queimado pode ser usado para quebrar a sisudez de um *look* todo cinza, por exemplo. Com essa cor o segredo é "Muita calma nesta hora"! Afinal, ela é excitante, transmite energia, mas também pode dar medo, ansiedade ou fazê-la parecer vulgar.
- **ALARANJADO:** Essa cor transmite energia, criatividade, equilíbrio, entusiasmo, além de irradiar calor e energia. Muitos defendem que só as morenas e as negras ficam bem com ela, mas não custa nada experimentar, mesmo sendo loira ou muito clara. Se houver um casamento perfeito entre o tom laranja e a sua pele, seus cabelos e seus olhos, por que não? O laranja vai bem com bege e marrom.

- **AMARELO:** O amarelo é uma cor viva e representa a energia. Ele estimula a mente e ativa a memória. Existem amarelos "quentes" e "frios", por isso, antes de chegar à conclusão de que o amarelo não é sua cor, veja quais os melhores tons para você. O importante é não sair de casa parecendo uma omelete.
- **MAGENTA:** Também chamada de fúcsia, essa cor denota luxúria, sofisticação, sensualidade, feminilidade, desejo. É uma cor que pode quebrar uma produção mais rígida. Só tenha cuidado para que ela passe exatamente a mensagem que você deseja, pois o exagero pode destruir a sua produção.
- **AZUL:** Em tons claros, transmite serenidade, limpeza e espiritualidade, ao passo que em tons mais escuros transmite tradição. Quebrá-lo com detalhes em vermelho e branco dão mais vida e elegância à sua roupa.
- **VERDE:** Significa vigor, juventude, frescor, esperança e calma. Existem inúmeros tons de verde, por isso é uma cor que demanda muita parcimônia na hora de usar. Nesse caso, o teste da pele deve ser feito com insistência.
- **ROXO:** Transmite velocidade, concentração, otimismo, alegria, felicidade, idealismo. Essa cor costuma ficar bem em orientais, morenas claras, loiras, mas não ficam tão bem em ruivas. Jamais compre uma peça dessa cor só porque achou o

modelo bonito. Tenha certeza de que a cor realmente ressaltou e valorizou o seu rosto.

- **BRANCO:** Transmite inocência e pureza. Essa cor fica extremamente elegante se usada com sabedoria. Algumas peças têm tecido muito fino e podem ser transparentes, o que é muito perigoso. O branco também pode dar a impressão de que você ganhou alguns quilos. Isso acontece porque as cores claras, dependendo do modelo e do corte, aumentam a área visual. Portanto, muito cuidado ao usar roupas dessa cor. Acessórios brancos só devem ser usados se você for da área da saúde.
- **BEGE:** O bege é uma cor que transmite calma e passividade, estando também associada à melancolia e ao clássico. Não existe nada mais neutro e tradicional do que essa cor, mas ela deveria vir com um aviso: "Dependendo do seu tom de pele, você ficará tão apagada e sem-graça que não haverá mágica que dê jeito". Algumas pessoas ficam com ar de doente e de cansaço ao usar o bege, mas, se você souber coordenar as peças do seu *look*, o bege pode resultar em um visual extremamente elegante.
- **CINZA:** O cinza pode simbolizar medo ou depressão, mas também pode transmitir estabilidade, sucesso e qualidade. Remete à elegância, à humildade, ao respeito, à reverência, à sutileza. Porém, um *look* todo cinza pode dar a impressão de monotonia. Experimente quebrá-lo com cores vivas, como vermelho, laranja e amarelo.

DICA

Se você for apaixonada por uma cor que não fica muito bem em você, use-a nos sapatos, cintos e bolsas, ou então na decoração da casa. Perto do rosto, jamais!

- **AZUL-CLARO:** Transmite harmonia, liberdade, saúde. Uma camisa azul-clara é um clássico no guarda-roupa; usada com um *tailleur* azul-marinho ou marrom, fica muito elegante. Experimente também combinar uma calça de alfaiataria bege com uma camisa azul-clara. Fica um luxo!
- **VIOLETA:** Essa cor transmite espiritualidade, criatividade, realeza, sabedoria, resplandecência, dor. Também pode ser traiçoeira, dependendo do seu tom de pele. Ou vai deixá-la iluminada e radiante, ou vai fazê-la parecer ter acabado de deixar o hospital. Não compre uma peça dessa cor só pela beleza. Tenha certeza de que ela combina com o seu tom de pele.

- **CIANO (OU AZUL-PISCINA OU VERDE-ÁGUA):** Transmite tranquilidade, paz, sossego, limpeza, frescor. Essa cor fica muito bem em morenas e negras. Porém, todo cuidado é pouco: quando ela resolve derrubar, é com crueldade. Faça testes antes de usá-la. Se não combinar com o seu tom de pele ou dos cabelos, pode ter efeito negativo em sua aparência.

O QUE USAR EM OCASIÕES ESPECIAIS?

Em matéria de revolução no guarda-roupa, a rainha Maria Antonieta foi mesmo um ícone. A professora de História da Moda, Denise Pollini, aponta a importância e os motivos disso:

> No século XVIII, mais do que tudo, aparência era poder! As cortes europeias sempre se moveram - principalmente após Luís XIV - em uma órbita própria, na qual as roupas determinavam a posição de proximidade ao rei. Assim, ao chegar à monarquia francesa vinda da corte austríaca, muito mais solta com relação aos códigos de etiqueta quando comparada àqueles do Palácio de Versalhes, a jovem Maria Antonieta, de apenas 14 anos, rapidamente se enquadrou nessa máxima e procurou usá-la a seu favor.
>
> A corte francesa, no período de Maria An-

tonieta, possuía numerosas regras de etiqueta relacionadas às roupas, que se constituíam privilégio (e obrigação) aos nobres da mais alta linhagem.

Dentre as declarações políticas por meio da moda vindas de Maria Antonieta podemos destacar duas delas, fortes e perigosas. A primeira quando, ainda delfina da França e enfraquecida diante de um casamento até então não consumado com Luís Augusto (que mais tarde se tornaria Luís XVI), Maria Antonieta aprendeu a galopar e optou pelo uso de um traje de montaria – traje com calças, destinadas ao uso masculino –, no qual ia à contracorrente do traje esperado para uma mulher de sua posição. As calças sublinhavam uma disposição viril, o que funcionou como uma exibição de poder. A segunda quando, já rainha da França, tornou-se árbitro de elegância disseminando o penteado mais polêmico da história da moda: o *pouf*, um famigerado penteado montado com cremes, arame, cabelos postiços e um sortimento variado de acessórios que chegava, muitas vezes, a alcançar cerca de 90 centímetros de altura.

Consciente de que, nesse ambiente, a aparência era um indicativo de poder, ela proibiu seus fornecedores de moda de comercializar um modelo (fosse de acessórios ou de penteados) antes de se completarem duas semanas após o lançamento dessa nova moda. Com isso, firmava sua posição de modelo de elegância na França e em toda a Europa, realizando um importante jogo político e trazendo para si a parcela de poder que podia, como uma mulher no século XVIII, desfrutar.

A polêmica rainha francesa surpreendeu com seu figurino até na hora de rumar para o seu trágico fim, na guilhotina montada em praça pública: ela escolheu um vestido simples e um gorro branco. Maria Antonieta entendeu que, com ela, morria parte do *glamour* na França.

DRESS CODE PARA EVENTOS DESTINADOS A MULHERES

Ao ser convidada para qualquer tipo de evento, verifique no convite o traje especificado para não fazer feio nem sabotar a construção de sua imagem.

Nada pior do que ser convidada para um churrasco e aparecer de vestido longo em tecido esvoaçante e sandálias de saltos finos: será constrangedor para você e para os outros convidados. Se você quiser usar um vestido longo, certifique-se de que ele é bem despojado e informal, de preferência feito de algodão ou de malha.

É preciso saber escolher a vestimenta adequada para cada ocasião. Veja as dicas a seguir.

- **TRAJE ESPORTE:** Deve ser usado para ir a batizados, almoços informais, exposições, churrascos, etc. Use as seguintes peças, feitas de tecidos bem casuais, como algodão, brim, tricoline, malha, viscolycra e tricôs de tramas abertas:
    - Vestidos e saias nos joelhos.
    - Blusas, batas, túnicas.
    - Calças *jeans*, pantalonas.

- Bermudas na altura dos joelhos ou logo acima deles, dependendo de sua altura.
- Terninhos mais esportivos.
- Use sapatilhas, rasteirinhas, salto anabela, sandálias de salto médio e mais grosso, tênis estilosos e botas. Para complementar o visual, use bolsas molengas médias ou grandes de tecido, palha ou couro.
- Capriche nas bijuterias, que podem ser maiores e mais artesanais. Nada de joias muito chamativas.
- Não use tecidos transparentes, fendas ou decotes exagerados. Lembre-se de que você deve transmitir seriedade e credibilidade.

▸ TRAJE PASSEIO, "ESPORTE FINO" OU *TENUE DE VILLE*: Você já deve ter sido convidada para *vernissages*, almoços formais, jantares informais e conferências. Nesses eventos, você deve vestir-se com um pouco mais de formalidade. Nem pense em usar calça *jeans*. Seus cabelos devem estar penteados e você deve usar uma maquiagem bem natural e discreta. Use as seguintes peças, feitas de tecidos como algodão mais estruturado, tricoline, jérsei, veludo, gabardine, tricôs de tramas mais fechadas, crepe e seda:

- Terninhos e *tailleurs* em cortes bem modernos e cores mais claras, feitos de tecidos mais moles.
- Blazers, túnicas, batas, blusas e camisas mais sóbrias.

- Saias na altura dos joelhos ou acima deles.
- Calças mais "transadas" e pantalonas.
- Nos pés, use sandálias e sapatos de saltos altos ou médios.
- Para eventos durante o dia são melhores as bolsas grandes e médias; para eventos à noite, prefira as bolsas pequenas.
- As bijuterias devem ser menores e um pouco mais sóbrias do que as usadas com os trajes esporte.
- Complemente seu *look* com lenços e echarpes.
- Nada de transparências, decotes ou fendas. O evento continua sendo profissional.

▸ **PASSEIO COMPLETO OU SOCIAL:** É exigido em jantares, coquetéis, formaturas e grandes comemorações, como casamentos. Os programas são mais formais e exigem uma produção elegante e sofisticada. Vá ao salão de beleza e peça que façam uma escova e uma maquiagem mais marcante (cuidado para não exagerar). Use as seguintes peças, feitas de tecidos mais nobres, como xantungue, brocado, seda, musselina, crepe, renda, tafetá, entre outros:

- Vestidos sociais longos ou curtos.
- Saias ou calças combinadas com *tops* bem luxuosos.
- Sandálias bem sofisticadas de salto alto.
- As bolsas devem ser pequenas e de materiais luxuosos.

- Bijuterias de alta qualidade ou joias especiais.
- Sempre cai bem usar xale ou estola. O visual fica chique e completo.
- Nunca deixe de tomar cuidado com fendas, decotes e transparências.

▸ *BLACK-TIE, TENUE DE SOIRÉE,* GALA OU RIGOR: Embora esse tipo de traje não seja muito comum no Brasil, você pode ter de usá-lo durante a campanha. Por isso, preste atenção! Esse *dress code* é usado em bailes, grandes recepções, banquetes e comemorações especiais. É extremamente sofisticado, elegante e luxuoso. Sem dúvida nenhuma, você deve caprichar no cabelo e na maquiagem. Use as seguintes peças, feitas de tafetá, tecido metalizado, brocado, xantungue, georgette, renda, cetim e outros materiais bem luxuosos:

- Vestidos longos.
- Saias longas com *tops* muito elegantes.
- Calças de *smoking* feminino.
- Sandálias são o calçado correto, mesmo no inverno, e devem ter tiras mais delicadas e saltos bem altos. Elas podem ser de cetim e ter pedrarias.
- Bolsas pequenas, feitas de materiais requintados, são permitidas.
- Aproveite para usar suas joias especiais ou bijuterias de altíssima qualidade.

DICA DE OURO

Se quiser ir de tom escuro, saia do pretinho básico e aposte em tons como rubi, petróleo, carbono, violeta e verde-escuro. Tome muito cuidado para não expor demais o seu corpo com fendas, decotes ou transparências, para não gerar polêmica e atrapalhar sua candidatura.

EPÍLOGO

Esperamos que todas as orientações dadas neste livro, por tantos profissionais, venham coroar uma carreira brilhante e que um diamante bruto possa ter sido lapidado.

Ao conseguir o tão sonhado cargo, por favor, faça-o por merecer.

Bom mandato!

> QUASE TODOS OS HOMENS SÃO CAPAZES DE SUPORTAR ADVERSIDADES, MAS, SE QUISER PÔR À PROVA O CARÁTER DE UM HOMEM, DÊ-LHE PODER.
>
> Abraham Lincoln

BIBLIOGRAFIA

ABLER, Thomas S. *Hinterland Warriors and Military Dress: European Empires and Exotic Uniforms*. Nova York: Berg, 1999.

ASHCAR, Renata. *Brasilessência: a cultura do perfume*. Rio de Janeiro: Best-Seller, 2001.

BAKER, Jean H. *Mary Todd Lincoln*. Nova York: W. W. Norton & Company, 1989.

BARNARD, Michael. *Fashion as Communication*. Londres: Routledge, 2001.

BARTHES, Roland. *Sistema da moda*. São Paulo: Nacional/ Edusp, 1979.

BATISTA, Eike, *apud O Estado de S. Paulo*, Twittadas da Semana, São Paulo, 7-5-2011.

BAUDRILLARD, Jean. *Sociedade de consumo*. São Paulo: Elfos, 1995.

BOUCHER, François. *História do vestuário no Ocidente*. São Paulo: Cosac & Naify, 2010.

BRASIL. Presidência da República. *Manual de redação da Presidência da República*. Disponível em http://www4.planalto.gov.br/centrodeestudos/galeria-de-fotos/arquivos-importados/arquivos-pdf/manual-de-redacao-pdf. Acesso em: agosto de 2011.

BRUZZI, Stella & GIBSON, Pamela Church. *Fashion Cultures, Theories, Explorations and Analysis*. Londres: Routledge, 2000.

CALANCA, Daniela. *História social da moda*. São Paulo: Editora Senac São Paulo, 2008.

CASTILHO, Kathia & MARTINS, Marcelo M. *Discursos da moda: semiótica, design e o corpo*. São Paulo: Anhembi-Morumbi, 2005.

CASTRO, Inês de. *A moda no trabalho*. São Paulo: Panda, 2002.

CHAULANGES, M. & S. *L'histoire vivante*. Paris: Delagrave, 1961.

CHENOUNE, F. *A história da moda masculina*. Paris: Flammarion, 1993.

CHURCHILL, Winston. *Memórias da Segunda Guerra Mundial*. Rio de Janeiro: Nova Fronteira, 1995.

CLINTON, Catherine. *Mrs. Lincoln: a Life*. Nova York: Harper, 2009.

ECO, Umberto. "O hábito fala pelo monge". Em _____. *Psicologia do vestir*. Lisboa: Assírio e Alvim, 1989.

ESQUIRES. *Enciclopédia da moda masculina*, 20, McGraw-Hill Century Magazine, 1973.

FISCHER-MIRKIN, Toby. *O código do vestir: os significados ocultos da roupa feminina*. Trad. Ângela Melim. Rio de Janeiro: Rocco, 2001.

FREIRE, Gilberto. *Modos de homem e modas de mulher*. Rio de Janeiro: Record, 1987.

HUNT, Clinton N. *Walter Hunt American Inventor*. Nova York : C. N. Hunt, 1935.

ITEN, Marco & KOBAYASHI, Sérgio. *Eleição: vença a sua! As boas técnicas do marketing político*. São Paulo: Ateliê Editorial, 2002.

JONES, Colin. *Paris: biografia de uma cidade*. Porto Alegre: L&PM, 2009.

JONES, S., NISSERSON, M. & ABRAMS, Henry N. *Cufflinks*. Nova York: H. N., 1991.

KALIL, Gloria. *Chic homem: manual de moda e estilo*. 15ª ed. São Paulo: Editora Senac São Paulo, 2005.

KEERS, Paul. *A Gentleman's Wardrobe: Classic Clothes and the Modern Man*. New York: Harmony Books, 1987.

LADY GAGA, *apud Veja*, 22 (2.219), São Paulo, 1º-6-2011.

MATARAZZO, Claudia. *Etiqueta sem frescura*. São Paulo: Melhoramentos, 2006.

________. *Negócios, negócios, etiqueta faz parte*. São Paulo: Melhoramentos, 2005.

________. *Visual, uma questão pessoal*. São Paulo: Melhoramentos, 2005.

MATHIAS, Milla. *Quem disse que você não tem nada pra vestir? Como ter um guarda-roupa que valoriza a sua imagem*. São Paulo: Matrix, 2009.

MOLLO, John. *Military Fashion*. Nova York: Putnam, 1972.

PARKER, John. *King of Fools*. Nova York: St. Martin's Press, 1988.

POLITO, Reinaldo. *Assim é que se fala*. 28ª ed. São Paulo: Saraiva, 2005 .

________. *Como falar corretamente e sem inibições*. 111ª ed. São Paulo: Saraiva, 2010.

ROCHE, Daniel. *A cultura das aparências: uma história da indumentária, séculos XVII-XVIII*. São Paulo: Editora Senac São Paulo, 2007.

________. *The Culture of Clothing: Dress and Fashion in the "Ancien Régime"*. Cambridge: Cambridge University Press, 1994.

SACKS, Oliver. *Vendo vozes: uma viagem ao mundo dos surdos*. Trad. Laura Teixeira Motta. São Paulo: Companhia das Letras, 2010.

SCHURNBERGER, Lynn. *Let There Be Clothes*. Nova York: Workman, 1991.

WEBER, Caroline. *Rainha da moda: como Maria Antonieta se vestiu para a Revolução*. Rio de Janeiro: Jorge Zahar, 2008.

WEIR, Alison. *Britain's Royal Families: the Complete Genealogy*. Nova York: Vintage New York, 1996.

AGRADECIMENTOS

Cayo Lanza, maquiador. *www.cayolanza.com.br.*

Carlos Takahashi, cerimonialista.

Claudio Vaz, consultor de imagem. *www.claudiovaz.com.br.*

Celso Kamura, *hair stylist* e *make-up*. *www.ckamura.com.br.*

Denise Pollini, professora de história da moda.

Érica Minchin, consultora de moda. *www.ericaminchin.com.*

Francisco Ventura Junior, designer de óculos. *www.oticaventura.com.br.*

Luiz Gonzalez, especialista em marketing político.

Nazareth Amaral, consultora de imagem. *www.nazarethamaral.com.br.*

Ronaldo Antonio Cavalli, especialista em linguagem corporal. *www.cavallitreinamentos.com.br.*

Reinaldo Polito, professor de oratória. *www.reinaldopolito.com.br.*

Renata Aschcar, perfumista. *www.renataashcar.com.br.*

Marcely Tobias, *personal make-up*.

Maria Tereza Zanella, médica e professora da Unifesp.

Mariana Arantes, jornalista. www.cpcomconsultoria.com.br.

Monica Takeuti, especialista em comunicação digital.

Sergio Senna Pires, psicólogo e especialista em linguagem corporal. *www.linguagemcorporal.net.br.*

Verônica Garcia Rocha, jornalista. Twitter: *@Vevis_Garcia.*

Wanderley Nunes, *hair stylist*. *www.studiow.com.br*.